Un comienzo en la vida *De Sartre a Lacan*

COORDINADOR:

Jorge Alemán

Jacques-Alain Miller

Un comienzo en la vida *De Sartre a Lacan*

EDITORIAL
SINTESIS

Esta obra es galardón del P.A.P. GARCÍA LORCA,
Programa de Publicación del Servicio de Cooperación
y de Acción Cultural de la Embajada de Francia en España
y del Ministerio francés de Asuntos Exteriores.

Título original: *Un début dans la vie*

Tradución: Antonio Milán

Diseño de cubierta: Josep Feliu

Vallehermoso, 34. 28015 Madrid
Teléfono: 91 593 20 98
http://www.sintesis.com

ISBN: 84-9756-096-5
Depósito legal: M. 25.202-2003

Impreso en España - Printed in Spain

Índice

Prefacio

Te llamo a mi lado, ¡oh aquel que fui! Necesito tu ayuda, en este difícil trance. Préstame el auxilio de tu pluma.

Sí, he encontrado lectores para mi cólera, y tengo amigos, muchos buenos amigos. Bastó una señal para que se reunieran en torno a mí. Pero te necesito también conmigo.

¿Por qué, de repente, la calumnia me resulta imposible de soportar? No lo sé. ¿Puedo saberlo?

Debo suponer que, hasta ahora, extraía sin saberlo un negro goce del mal que de mí se decía. Ese mal no desalentaba a los amigos que he citado. Hacía que a veces se acudiese a mí como psicoanalista.

Sí, he visto a algunos que venían a mí temblando porque creían encontrar en mí, personificado, el objeto malvado que los hacía sufrir. ¿Qué? Un ser sombrío y silencioso, ausente del comercio público, retirado en una poderosa fortaleza, vinculado por una deuda inflexible a un muerto, a una alta figura de tiempos pasados. Descubrían a alguien diferente. Al entrar en la Escuela a la que dedicaba mis trabajos, entraban no en el torreón de un Gilles de Rais, sino en una Thélème, una banda confiada y alegre, un verdadero equipo de Argonautas, cuyo Vellocino de oro se llamaba la reconquista del campo freudiano.*

Me gustaba la sorpresa que mostraban. Me gustaba por lo tanto sin duda la calumnia que nos rodeaba. Nos mantenía a cubierto, nos protegía, nos hacía más próximos, era muralla, escudo, armadura, era nuestra amiga, fiel, oh tan

---

* *N. del T.: Hace alusión a la comunidad laica que menciona Rabelais en* Gargantúa.

fiel. Y yo la alentaba sin duda, la nutría, la protegía también, era su tutor invisible, ya que me callaba, y sólo me descubría ante los que primero la afrontaban.

*

"¿La calumnia, señor? No sabe Vd. lo que desdeña." ¿Qué presciencia me hizo amar con locura el parlamento de Basilio en El Barbero de Sevilla, *su* piano, piano, *su* rinforzando, *su* coro *universal? Creí, la primera vez que leí esta estrofa, debería ser en la clase de primero de bachillerato, que no se podía escribir mejor en francés. Tuve que aprenderla de memoria, la recitaba en todo momento. Me gustaba desde siempre recitar, me gustaba el teatro, lo escrito hecho para ser dicho, declamado, interpretado, el que lleva consigo la palabra y dicta el tono de la voz.*

Esta prosa vibrante que hace silbar las serpientes, nacer una hidra repulsiva, no hay nada sin embargo tan alegre. ¿Cómo es posible? Pensándolo bien, este parlamento es un cuento que celebra los poderes de la palabra. Bastan algunas frases para que el soplo ligero, salido de una boca se vuelva tempestad y arranque de cuajo los robles. Así, el triunfo de la calumnia ¿es acaso promesa de lo que podría lograr, inversamente, un rumor que informa la opinión?

Mucho de mí ha salido sin duda de estas líneas endiabladas.

Este viento que he convertido en mi emblema, ¿no vendría de ahí?

Lo que me unió a Lacan, ¿no era la calumnia que había que penetrar para llegar hasta él? Jamás dudé del tornado que su fino hilo de voz desencadenaría más tarde o más temprano. ¿De dónde extraje la certeza que expuse, poco antes de su muerte, de que un día, en el psicoanálisis, todos serían lacanianos? Podía alegar mil razones, pero ¿no había detrás de ellas la resonancia que conservaba en mí el crescendo *de Beaumarchais?*

*

Beaumarchais. – Sí, había tenido miedo de él antes de que me gustara ese pasaje del Barbero.

Hay, en lo alto de la rue Saint-Antoine, poco antes de llegar a la place de la Bastille, un trozo de acera triangular, aislado en medio de la calzada, donde se alza su estatua. Los brazos cruzados, el bastón bajo el brazo, la cabeza agachada, el gran hombre parece mirar, irritado, a los paseantes que cruzan. Cuando tenía unos seis años, esa figura me aterraba. Me negaba a pasar por debajo de la estatua. Fue una pequeña fobia transitoria, perfectamente caracterizada, me di cuenta de ello en el análisis, que suele darse a la edad que Freud denomina la disolución del Edipo. Reconocí en ello el sello, estampado en mí, de un superyó feroz, bajo la forma de un Padre gigantesco, inmóvil y descontento, que podría llegar a animarse para castigar. ¿Cómo librarse de ello sin ser impecable? ¿Implacable consigo mismo? Y con los demás, ¿no era algo fatal?

No había tenido que ir a Roma para encontrar allí a mi Moisés. Estaba ahí, en el barrio de mi infancia.

La Juana de Arco de la place des Pyramides, aislada ella también en una isla de asfalto, me parecía formar pareja con el Beaumarchais de la Bastille. Ella, más pequeña, intrépida, bienhechora. Las dos estatuas marcaban para mí los límites del mundo conocido. "Conocido" quiere decir estructurado. Descubría mi posición con respecto a la torre Saint-Jacques, que se eleva entremedias, mientras la rue Saint-Antoine se convierte misteriosamente en la rue de Rivoli. Más allá estaba el universo infinito.

Me encantó sin duda descubrir sucesivamente, en primero de bachillerato, la figura de Atenea con su armadura, surgida de la cabeza de su padre, y la de Fígaro, que se ríe de los poderosos. Me siguen gustando desde entonces los criados de las comedias, que se mofan de los padres y los propietarios, insolentes burladores de la muerte, llenos de recursos, pródigos en volteretas, y confieso una inclinación por las hijas de su padre. La vida me ofreció algo para alimentar mi teatro privado.

Los que estigmatizan al yerno de Lacan no saben que hablan del yerno de Beaumarchais y del esposo de la diosa de ojos garzos.

*

¡Ah, calumnia de Basilio! ¡Ahora tú y yo! ¿Sabré vencerte, colocar mi escudo sobre tus hombros y hacerte desde ahora trabajar para mí? Como dicen en Madison Avenue: "There is no such thing as bad publicity".

Sí. Es posible que me haya gustado azuzarte contra mí, que haya tomado placer en ser el objeto causa de tu rabia impotente, que hayas sido mi partenaire-síntoma.

¿Reirás tú como me reí el día en que mis divagaciones analíticas extrajeron de mi nombre la cifra irónica de mi destino?

Era un día en que estaba interrogando lo mucho que, desde siempre, me gustaba la elocuencia. ¿Por qué me había gustado siempre discurrir, acaparar la atención de un público, hacer llover sobre mí las miradas de la bestia de múltiples cabezas, estremecerme al sentir cómo me atravesaban los dardos que me lanzaba, y comprobar, bajo el miedo escénico, que era sin embargo invulnerable? ¿Qué prueba tenía que repetir? ¿Gozaba acaso al convertirme en blanco?

*Relampagueo. ¡Si estaba en mi nombre! ¡ Miller! ¡Mille! ¡Dans le mille!**

Con este descubrimiento se fueron ordenando ciertos hechos menores. Tenía una particular dilección por los San Sebastián. Me gustaba el colofón cinematográfico de Jean Mineur Publicité, *el pequeño minero lanzando su piqueta al centro de un blanco en el que aparece la cifra 1000. Jamás olvidé el día en que mi padre, radiólogo, me había hecho pasar, como jugando, por detrás de una pantalla de radioscopia. Ésta era la razón por la que estaba destinado a asumir todos los riesgos, a ofrecerme a pecho descubierto y también a sacrificarlo todo por el placer de dar en el blanco.*

Freud muestra en imágenes la pulsión de una boca que se besa a sí misma. Me descubría apuntándome

---

*. *N. del T.: "Dans le mille": en el clavo, en el blanco, en el quid.*

incesantemente al corazón con los dardos que lanzaba al Otro.

He aquí también por qué me había gustado desde siempre el análisis gramatical y por qué no me daba por satisfecho hasta haber llegado al meollo de los discursos, al esqueleto de las doctrinas. Los escritos juveniles que vuelvo a poner a la vista del público son buena prueba de ello. Lo que añado en este prefacio no pretende invalidarlos, sino decir, origen pulsional de este logicismo, este estructuralismo apasionado. El análisis me reveló su secreto, pero no lo agotó.

Había sido el siervo de esa pasión. Me quemaba, me consumía. El análisis me permitió emanciparme de ella, domesticarla y jugar con ella, a partir de entonces, como si de un instrumento se tratara. Lo que me animó en la práctica del psicoanálisis viene de ahí.

Digo todo esto. ¿Acaso es de un analista? Por supuesto que sí, no lo duden. No digo nada que no hubiera dicho en esta prueba, hoy común, por lo menos en la Escuela de Lacan, y a la que he conducido a muchos, que se llama el pase.

No existe en efecto otro modo, para seleccionar a un sujeto apto para el acto analítico, que no consista en obtener de él el testimonio del misterio doloroso que era para sí mismo, y de los derroteros por los cuales, en su análisis, se mitigó ese dolor, se descubrió ese misterio, hasta el punto de hacer "matema", materia de enseñanza, y al mismo tiempo, fruslería, que sirve para una buena historia, que uno cuenta para que los demás se diviertan a su costa.

Cada uno de los que practican el análisis tiene que reinventarlo por su cuenta, dijo un día Lacan al término de un Congreso que se había atolondrado (étourdi) con la transmisión del psicoanálisis. ¿A cada uno su verdad? En modo alguno. Un psicoanálisis se define por el mantenimiento de condiciones formales estrictas, que rigen presencia y palabra. Pero la estructura no es el instrumento. El instrumento es el analista. Opera consigo mismo, con lo que queda de ese "él mismo" –al término de su análisis–. Debe haber aprendido a servirse de ese residuo, denso núcleo de su goce.

Reinventar el psicoanálisis, para un analista, supone sin duda reinventarse a sí mismo. El pase es esa reinvención.

*

El efecto inconsciente que supongo a mi apellido, ¿venía reforzado con el de mi nombre, en una lengua en la que "faire le Jacques" (hacer el gracioso, el payaso) está lexicalizado?

El hecho es que consideré oportuno, a mis dieciséis años, añadirle mi segundo nombre. Lo hice con motivo del primer texto impreso en el que mi nombre tenía que figurar, esa "Entrevista con Jean-Paul Sartre" que abre esta colección.

Tenía, para ello, las mejores razones del mundo: diferenciar mis iniciales de las de mi padre; acabar con el diminutivo que utilizaba la familia para llamarme; hacer frente al doble nombre del filósofo. Al hacer esto, sin pensarlo, *hacía entrar en mi nombre la cifra que respondía al blanco: Jacques a l'Un.**

Estoy convencido de que mi deseo de conocer a Sartre se debía a que, en 1960, era eso: el número 1. Conservo el recuerdo de la amabilidad con la que recibió, en la rue Bonaparte, al alumno de instituto, respetuoso e insolente, que se propuso demostrarle mediante un elenchus *socrático que él, Sartre, no era serio. Se prestó a ello con agrado: no tenía apego a lo serio.*

Sus palabras han suscitado burlas en el mundo del psicoanálisis: "Yo no tengo superyó". Pues bien, yo, que sí tenía uno, que lo había encontrado sobre su pedestal en la rue Saint-Antoine, sentí lo que quería decir al afirmar que no tenía ninguno. Es ese Sartre sin superyó al que amé, el Fígaro guasón que profesaba en suma que todo el mundo "fait semblant" (finge, hace como si).

*

No habría entrado cuatro años más tarde en el discurso de Lacan con una soltura que sorprendió a mis contemporáneos si no hubiese practicado El ser y la nada *con aplicación, con delectación. La raíz es la misma: kojeviana. El "ser en falta" (manque d'être) cuyo para-sí define Sartre presagia la "carencia de ser" (manque-à-être") del sujeto lacaniano. La retroacción, es decir, la prioridad del futuro,*

---

* *N. del T.:* "Jacques tiene lo Uno". En francés, suena como Jacques-Alain.

con la que Lacan aclara la retroactividad freudiana, está ya en el proyecto sartriano (Heidegger está ahí detrás). Que yo ignore lo que expreso, que el sentido se me escape, que sólo el Otro me lo devuelva, todo esto, dicho por Sartre, prepara para entender a Lacan.

Con la única salvedad de que Lacan no "faisait pas semblant" (no fingía, no hacía como si). Nadie hubiera conseguido que reconociera que su acto no era sino gesto, como así me confesó Sartre. Lacan pasaba por los "semblantes", pero era para, de ellos, obtener lo real.

Lacan creía en lo real, hasta el punto de declarar un día que ése era su síntoma. Lo hacía sufrir sin duda y le sacrificaba todo. Había llegado, al final de su vida, a hacerse del mismo una idea tan exigente, que implicaba que no se pudiese tener una idea de él, y que nada podían lo imaginario ni lo simbólico. Es el secreto de su uso del nudo borromeo.

Respecto de este real sin rostro y "sin ley", la ciencia misma le parecía fútil. En cuanto al psicoanálisis, ya no era para él sino la mejor forma de vérselas con él.

Al echar un primer vistazo sobre los textos aparecidos en 1960 en una revista del Liceo Louis –Le-Grand–, me doy cuenta de que el muchacho no es otra cosa que yo (je). *No interroga al filósofo sin preguntar a su comediante (Reggiani). No está muy seguro de que el filósofo no sea comediante, de que el comediante no sea el único filósofo que valga. Ya tenía que decir* yo, *avanzar por la vía de la confidencia, demostrarse al público, y desafiar las conveniencias. Con este retorno, no he hecho sino volver a encontrar ese camino.*

El primer artículo, firmado con el nombre que se había dado, se refería pues a los sueños y a las mujeres. Se despliega en el mismo la ingenuidad de una contención de la vida amorosa. Todavía no había leído entonces a Freud, que lo hubiese desasnado. No deja de divertirme verlo sorprenderse ante la exaltación que manifiesta Alban de Bricoule al tocar en el otro el sexo de una mujer. No se le escapa que hay ahí, si puedo decirlo así, gato encerrado.

Cuando hace el retrato de Hamlet o el del apasionado, el joven estudiante busca la misma cosa: la lógica de una existencia, la suya. Distingue momentos, fija posiciones, recompone vías de paso. A posteriori, se observa ya lo que le convendrá en el discurso de Lacan, y la satisfacción que hallará en el análisis.

El normalista que sucederá al alumno de instituto pensaba tan poco en adherirse a la Unión de estudiantes comunistas, que fue preciso que se lo pidiese Althusser, así como a algunos más. No tuvo tiempo de ser marxista: ya era lacaniano.

A la hora de redactar un trabajo pesado sobre la "formación teórica", se interesa por un saber cuya transmisión modifica al que lo recibe. Esboza una teoría de la ideología que encontraba lo que aprehende entonces del concepto de desconocimiento hallado en Lacan. Desliza dos versos de Dante, autorizándose en Marx. Hace también las veces de maestro de escuela, exigiendo trabajo y buena fe. Su modelo no es la Escuela del Partido, que le da risa, es la Escuela freudiana de París, de la que es el benjamín.

En enero de 1966, todo se ha consumado. Sus camaradas, que se encargan del Círculo comunista de Ulm, se dis-

ponen a seguir la vía de la Revolución Cultural. Su trabajo de infiltración no puede acomodarse con la difusión de un número sobre "los poderes de la literatura", cuyo editorial da como pivote del materialismo el significante fuera de sentido. El número es destruido.

Estaba dicho. El Otro, había hablado, considerado su marxismo marginal, impuro, inoportuno. Adiós a los Cahiers marxistes-léninistes.

*Había elegido su divisa, pero era para comunicársela a Lacan, que acusó recibo de la misma (*Escritos, *p. 847): "La teoría de Marx es todopoderosa porque es verdadera". Era de hecho la de Lacan la que le parecía poderosa y verdadera.*

No se había liberado del marxismo, que lo recuperaría en mayo del 68. Pero, ¿era el marxismo? Era más bien el espíritu de rebelión, la voltereta de Fígaro, la llamada al coraje contra el orden del mundo.

*

Este volumen tiene una segunda parte. Vuelvo a encontrar en la misma textos que escribí antes de ese fatal mes de mayo, para publicarlos a veces más tarde. Me doy cuenta de que no me he despegado todavía bastante de ellos para prorrogarlos con la misma desenvoltura.

Encontrarán ahí las huellas de mi primer lacanismo. Estos pequeños escritos tuvieron su repercusión dentro del contexto de la época. Todavía la tienen en mí. Muchos encontraron en los mismos una vía hacia Lacan. Causaron en otros una especie de traumatismo, que les cerró quizás todo acceso a la intelección del psicoanálisis. Se convirtieron en los clásicos de un momento.

No admitían ningún misterio en el psicoanálisis. De Lacan querían extraer una lógica, "la lógica del significante", y una teoría, "la teoría del sujeto". Aquí y allí anunciaban ciertos desarrollos ulteriores de Lacan. El conjunto formaba una especie de saber absoluto al revés, con la marca con falta, lo indecidible, lo inconsistente, que abría hacia un infinito serial, "único sin exterior".

¿A qué podía conducir al autor, si no es, tras algún tiempo-para-comprender, a hacerse el analizante de su indeducible contingencia?

Diciembre de 2001

Parte Uno

1 Entrevista con Jean-Paul Sartre

TEATRO

Jacques-Alain MILLER. — *Todo su teatro plantea el problema del actor, es decir, que nos hace conscientes de que todo hombre es un actor, y todo actor es un hombre. Según usted, ¿cuáles son las consecuencias de esta situación para sus intérpretes? ¿Les permite eso coincidir con su personaje, o les obliga a alejarse de él?*

Jean-Paul SARTRE. — Eso depende. A mi juicio, deben tomar cierta distancia respecto de sus personajes, deben ser reflexivos, no coincidir nunca, no confundirse jamás con el héroe. Es bueno que el actor se sienta actor. Pero algunos actores, incluso muy buenos, se entregan enteramente, y cuando actúan, están creyendo en lo que interpretan. Viven sus papeles. Se olvidan de que el teatro no es nunca la vida. Otros, por el contrario, sienten que interpretan otro personaje distinto de ellos mismos, se sienten actores. En lo que concierne a mis obras, hay dos intérpretes que corresponden perfectamente a lo que deseo, que siempre han sabido dar esa dimensión: uno de ellos es Vitold, el otro Reggiani.

J.-A. M. — *Esta concepción del actor desemboca en su filosofía.*

J.-P. S. — Siempre he sostenido que resultaba muy difícil distinguir el papel de la función y de la calidad. En *El ser y la nada,* expliqué que ser un camarero es jugar a serlo, que ambos no se distinguían. No hay comportamiento que no sea al mismo tiempo un juego, que no comporte elementos lúdicos. Incluso para los más serios, los pintores. En la medida en que eligen sus colores, sus vendedores de colores, en la medida en que tienen hábitos para pintar, juegan, intentan realizar lo que nunca serán: pintores.

J.-A. M. — *Este problema es central en* Kean. *Pero también aparece en* Las manos sucias y en El diablo y el buen Dios, *en el caso de Hugo y de Goetz. En cuanto a Frantz, sus espectadores, ¿son los Cangrejos?...*

J.-P. S. — Por supuesto que sí. Los Cangrejos son su primer público. Y Frantz obra siempre de mala fe con respecto a ellos. Jamás les dice la verdad. Cuando se confiesa a sí mismo su pasado, cuando se confiesa que, efectivamente, ha torturado, los Cangrejos nunca están ahí. Se oculta de ellos, intenta parecer ante ellos distinto de lo que es en realidad. Utiliza ardiles, finge con ellos.

J.-A. M. — *Otro elemento de su teatro es el tono skakespeariano, sobre todo en* El diablo y el buen Dios *y los* Secuestrados. *¿No piensa usted que el fracaso ante la crítica de* Muertos sin sepultura *y de* Nekrassov *se debe al hecho de que no mezclara lo dramático y lo cómico?*

J.-P. S. — Voy a hablarle francamente: en lo que concierne a *Muertos sin sepultura,* creo que se trata sencillamente de una obra fallida. Traté, grosso modo, un tema que no ofrecía ninguna posibilidad de respiro: la suerte de las víctimas estaba absolutamente definida de antemano, nadie podía suponer que hablarían, por lo tanto, no hay suspense, como se dice ahora. Ponía en escena a gente con un destino claramente marcado. En el teatro, hay dos posibilidades: sufrir y escapar. Las cartas estaban ya sobre la mesa. Es una obra muy sombría, sin sorpresas. Hubiera sido preferible hacer de ella una novela o una película. Esta obra fue mal acogida por la crítica, y con razón.

J.-A. M. — *¿Y* Nekrassov?...

J.-P. S. — Una obra semi-fallida. Hubiera sido preciso centrarse en el periódico, y no en el estafador, que no resulta interesante por sí mismo. Hubiera sido preferible mostrarlo apresado en el engranaje del periódico. Pero ésta no es la única razón por la que la crítica consideró que la obra era mala. Yo atacaba a la prensa, y la prensa contraatacó. Reacción enteramente normal. No sé lo que hubiera ocurrido si el segundo acto hubiese sido como el primero. Pero si la crítica acogió mal la obra, no fue porque una de ellas, *Nekrassov,* tuviese un género únicamente dramático, y la otra, *Muertos sin sepultura,* un género únicamente cómico.

J.-A. M. — *Su teatro era muy esquemático al principio. En* Las Moscas *Orestes representa el Derecho, la Razón, la Nada, que perturba el orden establecido. Mientras que Frantz es mucho más suave, más sólido, más humano, más complejo también. ¿Qué representa?*

J.-P. S. — Lo que dice usted de Orestes es acertado. En cuanto a Frantz, hay que comprenderlo a partir del hecho de que ha torturado durante la guerra, en el frente ruso. Tiene el carácter de un protestante, con una conciencia exigente, que reacciona contra los actos que ha cometido en un momento dado, y que ya no puede soportar. Se da por lo tanto una contradicción entre su pasado y su conciencia puritana. Me temo mucho que todos seamos así. Al fin y al cabo, todos hemos vivido una historia violenta, nosotros, es decir, la gente de mi edad. He vivido dos guerras, la ocupación, todos los conflictos a los que Francia se ha visto arrastrada, el antagonismo de los dos bloques. Tenemos que considerar que todos somos responsables de toda esa historia violenta. Cada uno de nosotros, aunque sólo sea en grado muy ligero, ya que hemos censurado esa violencia, cada uno de nosotros es responsable de esa violencia. Ha tenido lugar a nuestro pesar y nos hemos visto arrastrados. Ella no califica. Es en este sentido que Frantz representa a un hombre de 40-55 años. Yo nací en 1905.

J.-A. M. — *Pero para nosotros, ¿que hemos nacido durante o después de la guerra?...*

J.-P. S. — Frantz será sin duda menos comprendido desde este punto de vista por los jóvenes, ya que no han vivido ustedes ese pasado. Son sus padres los que lo han tenido. Esta es la gran diferencia con Orestes: aquí, no hay conclusión. Los *Secuestrados* no es una obra positiva, sino negativa.

J.-A. M. — *Johanna, en cambio, es de nuestro tiempo. Pero está también apresada, como dice, "entre dos lenguajes, dos vidas, dos verdades", entre la planta baja y el primer piso.*

J.-P. S. — Es de una generación prácticamente como la suya, que no es responsable de la guerra nazi, y ella sabe muy bien que Alemania es rica, y emite un juicio bastante duro sobre lo que ha ocurrido durante la guerra. Cuando sube, se encuentra con un hombre que la atrae hacia otra generación, otra vida, otro siglo. Por eso tiene dos lenguajes. Se presta a esta última locura por dos razones. En primer lugar, es evidente, no quiere aumentar el delirio de ese hombre. En segundo lugar, no es tan razonable. Tiene el delirio de haber sido una estrella y de no serlo ya, de haber sido alguien que creía en la realidad objetiva de su belleza y que ha sido decepcionada. Hay lo que se denomina un "délire à deux". Frantz la persuade de su belleza, en la medida en que ella acepta mentirle. Es una especie de acuerdo entre los dos, en el segundo acto.

J.-A. M. — *Creo que es posible representarse su teatro, por lo menos* Las Moscas, *el* Diablo *y los* Secuestrados, *como una ilustración de la caverna de Platón. Orestes, Goetz, Frantz, los tres hacen la experiencia del mundo. Tras unas pruebas difíciles, adquieren la conciencia de su libertad. En ese momento, sus conductas divergen. Orestes es el alma bella y no entra en la caverna, Goetz opta por luchar por y con los hombres, mientras que Frantz se mata.*

J.-P. S. — ¡No digo por supuesto que haya que matarse! El único héroe positivo es Goetz, ya que entra en el mundo para ayudar con su propia experiencia, con lo que ha comprendido. Pero se niega a entrar como alguien que lleva la luz a los demás, con naturaleza de élite, con una experiencia de élite. Platón era un aristócrata. La verdadera experiencia del mundo de la libertad consiste en conocer que no hay aristocracia, que hay situaciones diferentes y gente que hace mejor o peor uso de su libertad. Antes de que la guerra estallara, deseaba que no se produjera. Cuando comprende que la mayoría de los hombres desea la guerra, acepta ser jefe, por humildad. No se trata para él sino de una función, la de general. Para mí, es la idea misma de lo que debe ser un jefe político y social, un hombre poderoso por la masa, que encarna a la masa, que sale de la masa. No hay aristocracia, únicamente hay funciones. En cuanto a Frantz, es diferente. No hay que tomarlo como ejemplo, es más bien descriptivo, negativo. He querido mostrar que en cada uno de nosotros había una contradicción entre los actos de violencia y ciertas sobrestimaciones morales que nos han sido dadas al mismo tiempo.

LITERATURA

J.-A. M. — *La literatura, ¿es para usted un medio de liberarse de las condiciones materiales, o una forma de entrar en el mundo?*

J.-P. S. — Nunca he entendido la literatura sino como una participación en el mundo. Si se evade de él, ya no tiene interés. Se me ha reprochado muchas veces que me limito a hacer una literatura comprometida. Si no lo es todo, la literatura no es nada. Tiene que poder, en toda circunstancia y según sus condiciones propias, que son distintas, dar testimonio de todo. Por lo tanto, no a la literatura no-comprometida, sino profundamente en el mundo.

J.-A. M. — *Sin embargo, el "Some of these days" de* La náusea *se parece mucho a la frasecita de Vinteuil en Proust.*

J.-P. S. — Eso era muy al principio, antes de la guerra. He evolucionado mucho desde entonces. Mis experiencias se vuelven cada vez más sociales a partir de la movilización.

J.-A. M. — *¿Podría precisar la influencia que ha tenido Kafka sobre usted?*

J.-P. S. — Ha sido considerable. No puedo decir en qué medida, sobre todo al principio. Lo que nos separa es su lado profundamente religioso y místico. Kafka está integrado en una comunidad judía y, al mismo tiempo, está en contradicción con ella. Nuestra situación en Francia no es la misma: la integración es mucho más flexible. Hay que saber cuáles eran las relaciones de Kafka con la comunidad, con la mística, con su padre. La contradicción de un individuo profundamente integrado no puede ser la nuestra: la sociedad francesa es mucho menos entera que esta comunidad de judíos checos.

J.-A. M. — *Usted escribió, hace unos diez años, un artículo demoledor sobre Mauriac en nombre de la novela americana y que concluía así: "el Señor Mauriac no es un novelista". "¿Mantiene usted esa afirmación?"*

J.-P. S. — Me parece que sería más flexible en la actualidad, ya que pienso que la cualidad esencial de la novela es apasionar, interesar, y sería mucho menos puntilloso sobre los métodos. Porque me he dado cuenta de que todos los métodos son trucajes, incluso los métodos americanos. Uno siempre se las arregla para decir lo que piensa, al lector, y el autor está siempre presente. El trucaje americano es más sutil, pero existe. Dicho esto, pienso que el manifestarse a sí mismo de forma demasiado visible no es el mejor método para hacer una buena novela. Si tuviera que volver a escribir *Los caminos de la libertad* intentaría presentar cada personaje sin comentarios, sin mostrar mis sentimientos.

J.-A. M. — *Esto no tiene validez absoluta, ya que Madame de La Fayette...*

J.-P. S. — Evidentemente. Los métodos traducen de una forma o de otra los principios de una época. Es cierto que, en una época en la que el soberano encarnaba al mismo Dios y tenía una visión absoluta de sus súbditos, la idea de una verdad debe expresarse en la novela. Madame de La Fayette escribe desde el punto de vista de Dios y del soberano. En las mismas condiciones, la arquitectura estaba condicionada por ello. En Versalles, todas las obras están alineadas, de modo que el soberano pueda abarcarlo todo con la mirada. No es sino una creencia como las demás, una teocracia absoluta. No hay verdad absoluta. La Historia está tan enmarañada que no hay referencias absolutas, a no ser que se sea comunista o creyente. Lo que era válido en Versalles, no lo es aquí. Para Mauriac es la existencia de Dios la que hace que pueda adoptar un punto de vista absoluto. Para mí, Dios no existe. Por consiguiente...

JUSTICIA Y ACCIÓN

J.-A. M. — *¿Qué es la justicia para usted? Orestes no reconoce la de los hombres ni la de los dioses. ¿Entonces?*

J.-P. S. — Uno no puede evadirse de una sociedad como la nuestra. No existe ninguna marca absoluta que permita juzgar que la magistratura representa la justicia, y los acusados la injusticia. Mirada así, la justicia no es sino una forma protectora de la sociedad. La verdadera justicia no se puede definir hoy. Definirla es caer en la injusticia. Pero, por otra parte, no estoy seguro de que la noción de justicia sea indispensable para la sociedad. Supongo que procede a su vez de una vieja capa teológica. Si no se tiene Dios, ya no tiene sentido, salvo como protección contra cierta categoría de individuos. La noción de justicia es realmente inútil.

J.-A. M. — *Hablemos por lo tanto de la Acción. ¿Para quién, por qué un acto se convierte en gesto?*

J.-P. S. — Un acto se convierte en gesto cuando carece en sí mismo de eficacia. Por ejemplo, si estoy encerrado en una cárcel y golpeo la puerta para salir, se trata de un gesto. Si llamo al carcelero en una especie de crisis, es más bien un gesto. Los gestos son actos incompletos. Un acto debe lograr un fin. Si sólo se define como representación, como una especie de danza, un ballet no es más que un gesto. Es algo que le sucede constantemente a los actos. Por ejemplo, en la lucha deportiva, el objetivo de cada uno de los contrincantes es reducir el acto del otro a un gesto, es decir, conseguir que el contrincante haga una serie de actos que no tengan significación alguna. Hugo no ha hecho jamás ningún acto, salvo el de matar. Pero no ha matado por razones políticas, ni porque su partido se lo hubiera encargado. En realidad, mató porque estaba celoso, porque se produjo una explosión. No era por lo tanto un acto. Cuando una estrella de cine habla, sonríe, se mueve, sus actitudes están destinadas únicamente a los fotógrafos. Han perdido sus significaciones. En el acto hay una verdad que no existe en el gesto. Genet cuenta la historia del hermoso joven que se vestía. Cuando se dio cuenta de que le miraban, prosiguió y su acto se convirtió en gesto. Hay una literatura en gestos y una literatura en actos. La literatura en gestos no hace daño a nadie, no enfada, no hiere a nadie. El gesto es una caricatura del acto.

J.-A. M. — *¿Es pues la Razón la que hace el acto?*

J.-P. S. — Sí.

J.-A. M. — *Sin embargo, se le opone frecuentemente este pasaje de Lukács: "Según que tome partido a favor o en contra de la Razón, una filosofía decide su naturaleza filosófica y su papel en la evolución de la sociedad".*

J.-P. S. — No soy irracionalista. Incluso Bergson no lo era. El pensamiento de Lukács separado de su contexto puede parecer ingenuo, ya que supone el concepto de Razón definida. El que toma partido contra la Razón, ¿no es el que toma partido contra "su" Razón? Considero por mi parte que *El ser y la nada* es un trabajo racional, un estudio dialéctico de la conciencia. El problema verdadero reside en saber cuáles son las relaciones de la razón humana con el mundo y, sobre todo, saber cuál es la Razón, ya que hay una razón positiva y una razón dialéctica. Los actos son siempre racionales desde el punto de vista dialéctico, incluso si son fracasos. La acción es en principio la Razón, incluso en su fracaso. Supone precisamente todo lo que la

Razón postula, en particular ciertas permanencias en el mundo.

J.-A. M. — *Usted dice en "Los Comunistas y la Paz" que justifica a los comunistas a partir de sus principios (de usted) y no de los suyos (de ellos). ¿Quiere esto decir que justifica usted su conducta (de ellos) en la inmediatez, como acción directa y eficaz?*

J.-P. S. — La inmediatez no está en juego cuando se justifica una conducta comunista. No se puede decir: "Soy anticomunista, pero los comunistas tiene razón al hacer esta acción". Pero lo que se puede decir es que, en nombre de una doctrina relativamente truncada, los comunistas emprenden una acción que tiene un objetivo, que se puede aprobar en nombre de una acción que retoma el conjunto de las carencias que están en la base y que las colma. En el interior del marxismo hay lagunas. Pienso que una filosofía de la existencia debe superarlas, a condición de que tome en consideración la primacía de lo material.

J.-A. M. — *Según Maurice Merleau-Ponty, no es usted dialéctico, ya que su dialéctica es la del Ser y de la Nada y no la de un ser y de otro ser, y que para usted la acción de los comunistas consiste en "hacer ser lo que no es".*

J.-P. S. — No hace falta decir que no estoy de acuerdo con la interpretación de Merleau-Ponty. Es evidente que la función del Partido Comunista es la de dar forma de grupo activo al proletariado. Lo cual no quiere decir que lo haga siempre y bien, sino que ése es su objetivo. El hecho de pertenecer al proletariado, para dos individuos diferentes, uno que vive en París y otro que vive en Marsella, no significa que tengan relaciones, sino que ambos son el mismo producto de una sociedad. Y estos productos pueden enlazarse en el tiempo. El papel del PC es conseguir que estos dos hombres se encuentren unidos en un organismo, transformar la clase-masa en clase-órgano.

J.-A. M. — *Ya que rechaza usted la interpretación de Merleau-Ponty, ¿cuál es pues para usted el "verdadero problema" de la dialéctica, el que va a tratar en su* Crítica de la razón dialéctica?

J.-P. S. — Para mí, el problema de la dialéctica es el de la totalización. ¿Hay verdades en la Historia o *una* verdad? Si la Historia debe tener una sola verdad, si estamos obligados a ponerlo todo en conexión sintética, si comprendo cualquier hecho, podemos hablar de una verdad histórica. Hay dialéctica si la Historia es una totalización, si en cada instante unos hechos humanos están relacionados entre sí, de forma que cada uno de ellos es, a su manera, el conjunto de las cosas. En mi opinión, todos los hechos accidentales, como nuestro encuentro, expresan una totalidad y esto se ve además en nuestras preguntas diferentes que cuestionan la clase obrera y el capitalismo. En este encuentro hay por lo tanto algo más que un estudiante que ha venido a ver a un escritor.

Objetivos

J.-A. M. — *¿En nombre de qué luchará usted, por qué objetivos precisos?*

J.-P. S. — En nombre de dos principios que van juntos: en primer lugar, nadie puede ser libre si todo el mundo no lo es. En segundo lugar, lucharé para mejorar el nivel de vida y las condiciones de trabajo. La libertad, no metafísica sino práctica, está condicionada por las proteínas. La vida será humana a partir del día en que todo el mundo pueda comer hasta la saciedad y todo hombre pueda ejercer su profesión en las condiciones que le convengan. Lucharé no solamente por un mejor nivel de vida, sino también por condiciones de vida democráticas para cada uno, por la liberación de todos los explotados, de todos los oprimidos.

J.-A. M. — *¿Cree usted en la eficacia de estos actos, en una eficacia que impidiera que se degradaran en gestos?*

J.-P. S. — Seré muy pesimista al respecto. De hecho, pienso que esta eficacia sólo puede ser impedir lo peor. Quiero decir que si, en una sociedad de explotación y de opresión, en su forma política, una dictadura, todo el mundo parece aceptarla, es preciso que haya escritores que den cuenta de la vida de los que no consienten: entonces se habrá evitado lo peor.

Cahiers libres de la jeunesse, n.º 1, enero de 1960.

2 Entrevista con Serge Reggiani

Me detengo vacilante ante la puerta roja del camerino. Véra Korène, la directora de la "Renaissance", me ha prevenido: Reggiani está agotado y tiene los nervios a flor de piel por su papel, y corro el peligro de que me devore si entro en esa jaula. ¡Venga!, tengo algo a mi favor. El día anterior no hubo función, y falta todavía una hora para que se levante el telón. Vuelvo a tomar aire..., entro. Reggiani está fumando, tendido sobre un pequeño diván. La futura víctima (es así como se designa a los entrevistados) parece tener mucho más aplomo que su torturador.

Jacques-Alain MILLER. — *Hemos lamentado mucho su ausencia prolongada de la escena y de la pantalla. ¿Por qué se ha mantenido usted apartado?*

Serge REGGIANI. — En efecto, me he mostrado poco desde hace cuatro años, cinco quizás. La última obra que interpreté fue una comedia de *boulevard,* que ha tenido por cierto mucho éxito. Tuve una congestión, dejé el teatro, y no volví. Necesito, como todo el mundo, ganarme la vida. Pero ensayar todas las tardes una obra que no apruebo enteramente en el plano social y artístico, constituye para mí realmente un suplicio.

J.-A. M. — *¿Rechazó usted por lo tanto las propuestas que le hicieron?*

S. R. — No he querido decepcionar a los que creían en Reggiani y pensaban que no seguía una línea tan fácil, tan puta como la mayoría de los actores. Y rechacé en efecto cierto tipo de obras.

Habla de él como César. Una voz profunda y pausada. Cuando habla, clava su mirada en mí.

J.-A. M. — *Y los* Secuestrados...

S. R. — ... representan para mí el tipo mismo de teatro moderno, con todas las cualidades que debe poseer, en mi opinión, una obra de hoy, digo bien de hoy, ya que mañana...

J.-A. M. — *¿Considera usted los* Secuestrados *como una obra de tesis?*

S. R. — Es imposible reducirla a una tesis. Forma un mundo, un todo. En la línea del *Diablo y el buen Dios.* Se recibe con alegría, y sólo al final aparecen sus significaciones.

Sus gestos se desarrollan, amplios y lentos, luego, de pronto, más bruscos para apoyar sus frases.

J.-A. M. — *Hay un problema del actor en Jean-Paul Sartre. Quisiera hacernos conscientes de que todo hombre es actor y de que el actor es un hombre. ¿En qué situación se encuentran entonces sus intérpretes?*

S. R. — Pues bien, el texto de Sartre, aunque bello y rico, es difícil en sí mismo. Obliga al actor a realizar un esfuerzo para penetrar su pensamiento. Su texto no ayuda, no conduce al comediante. Eso ocurre en el teatro moderno desde Brecht. Y el actor debe abstenerse de dejar que corra libremente su imaginación. Debe someterse a una autocrítica constante. Por mi parte, no me meto nunca en la piel de mis personajes. Permanezco todo el tiempo en posición de proyección. Dejo un tercio de mi interpretación a la imaginación, a la inspiración del instante, el resto es de una precisión minuciosa y requiere una puesta a punto constantemente verificada y modificada. No lloro jamás durante la representación y si a veces lo parece, es porque mi monóculo me molesta. Si interpretara a *Bérénice*, podría dejarme arrastrar por los alejandrinos. Racine mece al actor, Sartre no. No es él quien nos arrastra, somos nosotros los que lo llevamos. ¡Y es pesado, puede usted creerme!

J.-A. M. — *Dicho de otro modo, Sartre le obliga a mirarse interpretando. Impide que el actor tenga la sensación de coincidir con su personaje.*

S. R. — Este tipo de cohesión sólo tiene que existir para el público. El espectador es un juez, el actor debe ser un juez para sí mismo.

Acompaña sus afirmaciones con puñetazos sobre el tocador, atestado de botes y de tubos. Se ha puesto un batín, muy sencillo. Habla como actor, pero como un actor excelente.

J.-A. M. — *Sartre le ha ayudado a montar los* Secuestrados. *¿Qué lugar ha ocupado?*

S. R. — Se ha limitado a aclarar el texto sin obstaculizar el trabajo de François Darbou. Gracias a él, hemos evitado embarcarnos con un solo sentimiento, ya que hay siempre muchos por expresar.

J.-A. M. — *Sí, en esta obra hay cambios de tono totalmente shakespearianos, de lo cómico a lo patético, de la farsa a la metafísica.*

S. R. — Me han salido dos hernias de tanto cambiar de tono. Ya que no se cambia de tono sin modificar al mismo tiempo las actitudes, los gestos, las posiciones. El teatro es un juego de espejos. Para que la imagen se vuelva clara, es preciso que el tono y el gesto se superpongan exactamente. El actor debe preservar ese conjunto. Y si una tarde, para evitar el aburrimiento, modifico un elemento, me veo forzado a reconsiderarlo todo.

J.-A. M. — *¿Cuál es el papel del público en esta puesta a punto?*

S. R. — Pues bien. Uno piensa interpretar la obra de cierta forma, pero cuando se presenta al público, el actor se siente realmente concernido y modifica su interpretación, o más bien, ve cómo la obra se va transformando.

J.-A. M. — *¿Y el director?*

S. R. — ¿Qué es la puesta en escena? ¿La posición de los actores sobre el escenario? El director hace las veces de árbitro, aconseja, indica una forma de colocarse. Al actor le corresponde *sentir* de otro modo.

La puesta en escena de François Darbou es, hay que decirlo, bastante deslucida. Pese a que contribuye a crear una atmósfera cargada, frena la vivacidad del texto. Pero Reggiani está sobre el escenario y pronto sólo se le ve a él, su presencia e incluso su ausencia ocupan toda la escena.

J.-A. M. — *Al comienzo del segundo acto aparece por vez primera Frantz el Secuestrado. Habla a los Cangrejos. "¡Habitantes marcados de los techos, atención!", gesticula, desfila, domina. El público permanece abrumado, rendido, mudo. ¿Cómo lo consigue usted?*

S. R. — En primer lugar, esta aparición viene preparada por un largo primer acto, extraño, misterioso, en el que Sartre crea una especie de malestar, y una curiosidad por la situación extraordinaria de este secuestrado, desde hace treinta años. El juego se ha iniciado y todavía hay que ganarlo. Frantz se ha creado un universo físico, ha dejado que los muebles se destruyan bajo la acción del tiempo, se ha destruido a sí mismo. Por ejemplo, lleva un monóculo, y, al final, vemos que no lo necesita. También lo quería yo en su uniforme desgarrado, elegante, cuidado, limpio, alemán y militar. El desfase entre él y la decoración acentúa la emoción. He hecho que tuviera tics. Otro ejemplo más: durante mi primer monólogo, desde hace unas tres semanas, ejecuto el paso de la oca, una especie de temblor de las piernas que me hace bailar. También me tiemblan las manos y mis gestos son bruscos.

J.-A. M. — *Pierde poco a poco sus tics...*

S. R. — Sí. A medida que la Verdad del exterior lo penetra, ve cómo sus tics desaparecen, uno tras otro. Intenta recuperarlos, recuperarse tal como se había hecho, se obliga a temblar, a escandir, para volver a construir su Universo, para reanudar su diálogo con los Cangrejos. Pero los Cangrejos ya no responden. Frantz llega al quinto acto, vaciado de la mentira en la que vivía.

J.-A. M. — *¿Está usted agotado al final?*

S. R. — Totalmente. Esto no se ve, pero el segundo acto, donde ocurren más cosas, resulta muy agotador.

J.-A. M. — *¿Lamenta usted los pasajes que se cortaron?*

S. R. — Literariamente hablando, sin duda alguna. Pero era imposible montar un espectáculo de cuatro horas. No podemos permitirnos salas medio vacías.

J.-A. M. — *El precio de las localidades limita ya a su público...*

S. R. — No recibimos subvenciones. Pero una noche, una vagabunda, una verdadera, con su cesto y su botella, vino a adquirir su localidad. Había ahorrado para ver la obra. Se le aplicó una tarifa reducida.

Reggiani está ahora blanco, empolvado. Su rostro de rasgos marcados adquiere un relieve sobrecogedor.

La última pregunta...

J.-A. M. — *¿No le molestan sus compañeros?*

Una vacilación, una sonrisa.

S. R. — Por supuesto que no contesto, hay que superar estas cuestiones de personas. Una obra funciona o no. Ésta pasa al máximo todas las noches.

Sí, Reggiani, al máximo, y gracias a usted, a su talento, a su impresionante interpretación. Esto no se lo he dicho. Le he dado las gracias. He vuelto a cerrar la puerta roja. Me he marchado.

Cahiers libres de la jeunesse, n.º 1, enero 1960.

3 Reflexiones intempestivas

I
Moral del olvido

Así como se marchitan los colores del tiempo, nuestros recuerdos se descomponen. Nuestro espíritu se vuelve "un inmenso panteón que contiene más muertos que la fosa común", y donde se mezclan nuestras cobardías y nuestros errores, nuestros amores y nuestras ambiciones, nuestros pesares y nuestros deseos. A veces, cuando Cerbero se duerme, surgen los monstruos soñados, ensoñaciones revestidas de desechos de carne viva, ideas mortinatas que buscan plasmarse, que el Alba rechaza hacia el Olvido. Deben morir para que vivamos, para que el día nos encuentre puros y dispuestos a la acción. La vida es nuestra exigencia y nuestro límite: la cálida evidencia de las imágenes que nos ocupan se pierde en las líneas generales, las formas pregnantes y los marcos lógicos en los que se satisface nuestra razón. El Olvido es una función de la memoria y del pensamiento. No se rebela uno contra un mecanismo vital.

Pero, ¿qué decir de la necesidad de olvidar? El burgués que, con una desenvoltura de la muñeca, olvida aquello que lo hace burgués, aquello que lo hace comer y gozar, aquello por lo que vive y es feliz, preserva su contento. Hay gente que colmará su memoria con recuerdos elegidos, con una belleza tranquila y una agradable comodidad, como se amuebla un gabinete o un salón. ¡Ah! ¡Felicidad de aquellos que cierran los ojos y se tapan los oídos! La sociedad olvida aquello que no quiere reconocer como parte de sí misma, y necesario. ¿Tenemos nosotros que olvidar también y divertirnos?

El Olvido nos modela según la imagen que de nosotros deseamos. El Olvido es una actitud, una conducta. Pero somos lo que hemos sido, lo que hemos hecho. Nuestro "yo" usado, oculto, es más verdadero que el que ostentamos con complacencia. Nada podemos contra el olvido que se dibuja en curvas y gráficos, y es sin duda benéfico. Rechazamos el olvido hipócrita y el olvido confortable, el olvido de mala fe. No interpretaremos nuestro personaje sobre el escenario de un teatro, en lugar de emprender la ruta hacia los hombres. Llevamos a nuestra cuenta lo que fue nosotros. Somos nuestra historia. No se puede hacer borrón y cuenta nueva o quemar el cuaderno. Reivindicamos la lucidez.

II
Douce y Dominique

Me gusta la primera novela de Montherlant, *Le Songe,* por sus imperfecciones y sus excesos. ¿Qué escritor, salvo Stendhal, soporta la perfección sin aburrirnos? A través del gran estrépito de las palabras, he conservado de este libro de un joven de veintiséis años el recuerdo del placer que me proporcionó, y *una idea.* Ya que coincidía casualmente con mis reflexiones de entonces, al regreso de las vacaciones...

Alban prodiga sus atenciones a dos mujeres: la mujer con la que se acuesta y aquella a la que estima. La primera, Douce, es un pasatiempo, una yegua decían entonces, un *flipper,* diremos hoy. Dominique, la segunda..., la ama como se ama una idea, por su claridad, su frialdad, su pureza, su inaccesible belleza. Porque ella no lo ama. Son amigos. Dominique hará el aprendizaje de la sensualidad, como enfermera en un hospital militar. Amará realmente a Alban. Se lo dirá. Y él se apartará de ella.

Esta concepción de las mujeres resulta chocante; si se desinteresa uno de Dominique, parece indignante la suerte reservada a Douce: el reposo del guerrero. Todo esto no es, sin embargo, tan subjetivo como parece: existen personas como Douce y yo las desprecio. No con ese desprecio que lleva a escupir en la cara del mundo, sino con un desprecio suave, quedo, disimulado según las necesidades de la causa. Me sucede que siento ternura por estas jóvenes, por sus secretos, su universo, compromiso de real y de imaginario, su pequeña mediocridad. Ternura. No me permito más.

En cuanto a las Dominique, no creo que existan, como tampoco creo que haya almas sin cuerpo. De ellas, amamos la idea que nos hacemos, pero *ellas* no son ideas. Por eso tenemos que mirarlas de lejos, tomar un mechón de su cabello o un pañuelo de seda, hablarles poco, no tocarlas y dejarlas muy pronto.

Para ser franco, pienso que es debido a un sentimiento de inferioridad. A los dieciséis años, únicamente amamos a las chicas que no nos aman. Nos situamos demasiado bajo, todavía en la línea de partida. Las Douce son útiles para nuestra vanidad, próxima a nuestro orgullo.

Montherlant resulta aquí bastante irritante; no puede tocar o besar a una chica sin sentirse "león-que-domina-su-presa". Por esa cuenta, ya lo dijo Simone de Beauvoir, muchos hombres, en la oscuridad de las salas de cine, llegarían a la conciencia de su grandeza. No seré león, no estaré en situación. De Montherlant quiero aprender la indiferencia. Entonces, se levantará el telón y el juego comenzará.

He puesto mucho de mí en esta interpretación, demasiado. Y la gente bienpensante dirá: "No conoce Vd. nada de la vida. *La* encontrará un día, y estas líneas le parecerán pueriles". Quizás vea, un día, una idea encarnada en un cuerpo, Douce y Dominique a la vez. No creo. Y no sé siquiera si lo espero.

Cahiers libres de la jeunesse, n.º 2, marzo de 1960.

4 Hamlet o La desesperación y la libertad

"El yo es una síntesis de infinito y de finito, de temporal y de eterno, de libertad y de necesidad... El yo es libertad... dialéctica de las dos categorías de lo posible y lo necesario."

SÖREN KIERKEGAARD

I
HAMLET
O EL DESCUBRIMIENTO DE LA NADA

"Ya que sólo hay bien y mal según la opinión que tenga uno al respecto."

La felicidad es ignorancia. La alegría oculta la desgracia y la precede. La infancia y la inocencia sólo tienen un tiempo, que no dura.

Hamlet conoció la felicidad y la alegría. Su padre, rey, y su madre, reina, vivían en un amor perfecto, en un mundo poblado de súbditos y de amigos. Hamlet fue el Principito de las fábulas, un Principito cuya infancia se prolongó hasta la treintena. Lejos del comercio de los hombres, apartado de la acción, se contentó con soportar la vida porque era grata y porque era sencilla.

Luego, un día, su padre el Rey murió. Asesinado por Claudio, su tío, que se casó con su madre.

En el espacio de un mes, los valores que había aprendido, estables y fijos para toda la eternidad, el orden moral que, para él se confundía con el orden de las cosas, y que veía posible, y lo que denominaba imposible, todo se tambaleó y el Universo se volvió caos. En su vida, la muerte introduce la negación. A través del asesinato y del incesto que enturbian su existencia, comprende que hay un Mal, y que éste viene a través de los hombres. Como cada hombre erige su acción en Bien, no hay ni Bien, ni Mal, los demás hombres no son dioses, sino que cada hombre lleva en sí el poder de un dios.

Descubre la Nada y su libertad. A lo largo de los cinco actos de la obra, intenta rechazar su descubrimiento, vive su angustia y padece, ya que la conciencia lúcida descubre el dolor y la miseria que la vida entraña.

II
Hamlet maquiavélico
o La desesperación en la necesidad

"Y tu orden viva llenará sola las hojas del libro de mi cerebro."

Como siempre ha transitado un camino trazado de antemano, Hamlet no soporta inventar *su* camino y dar a la vida *su* ordenación. Conoce la Nada y se siente *"deslizar en medio de lo existente"*. Busca un deber y una coerción a los que engancharse para retenerse.

Entonces del Más allá, el Espectro regresado se le aparece y lanza la *consigna* de venganza. El teatro shakespeariano es el teatro de lo fantástico, que materializa las ideas. El Espectro es la forma del Deseo de Hamlet. Claudio, para él que se hace adulto a los treinta años, es el destructor del orden de su infancia, el que ha hecho de la vida una vegetación fétida. Como el Sueño de los Antiguos, el Espectro de Hamlet es una coartada. Cuando Goetz juega a los dados con Dios, tiene los dos cubiletes a la vez. Hamlet es siempre su propio interlocutor.

Hamlet es libre y se encadena a una necesidad que quisiera exterior. Elige ser el hombre de una sola idea. De este modo se ponen anteojeras a los caballos para que no tengan miedo del sol o del vacío. Obra con astucia, al no estar en posición de fuerza, y finge la locura. La habilidad con la que envía a Rosencrantz y Guildenstern para que se hagan matar en su lugar, es la de un verdadero hombre del Renacimiento. *"Pero cállate corazón mío, ya que tengo que retener mi lengua"*. La actuación maquiavélica es, para él, una forma de perder, en el refinamiento del arte de los medios, su acto y su angustia. Se ha fijado un objetivo práctico y tiene pocas esperanzas de alcanzarlo: la verdad es que tiene pocas esperanzas en lo que a él respecta, ya que se esfuerza por ser él mismo.

III
Hamlet monologante o La desesperación en lo posible

> *"No sé por qué me estoy diciendo todavía: esto está por hacer, ya que tengo motivo, voluntad, fuerza y medio para hacerlo."*

Hamlet es continuamente un virtual que se niega a actualizarse. Los actos son las negaciones de los posibles: elegir, es aceptar no ser todo, es renunciar al sueño de ganar en todo. Hamlet no sabe renunciar y no desprecia nada. Agota las condiciones y las consecuencias de cada acción, y su meditación paraliza su poder de acción. *"Tiene la enfermedad del pensamiento"*, escribe Schlegel. Teme el peso de sus actos, teme verlos apartarse de él, traicionar sus intenciones o declarar contra él. Teme perder su libertad al realizarla, único medio de hacerla ser; ya que la libertad es una intención que cambia el mundo.

Hamlet debe determinarse en relación con el acto que ha querido para sí por mediación del Espectro. Su intento de establecer la vanidad de toda acción es vano. *"Alejandro ha muerto, Alejandro está enterrado, Alejandro ha vuelto al polvo."* Pero aunque la acción fuese una ilusión, Alejandro ha vivido su destino de hombre. Prefiramos Pirro a Cineas. *"Acrioris viri esse merito perire"*, dice Tácito hablando de un emperador romano.

IV
HAMLET HOMICIDA O EL ACTO AMBIGUO

> *"Laertes: ¡Al rey, al rey la culpa! –Hamlet: ¡La punta envenenada también! ¡Entonces, veneno, a tu obra!" Hiere al Rey.*

Kierkegaard ha dicho del hombre que es una síntesis de posible y de necesidad. En Hamlet, ambos términos se incrementan de forma desmesurada. El genio de Shakespeare no ha escrito la desesperación de Hamlet en el itinerario lógico que le he atribuido. Hamlet vive todas sus desesperaciones al mismo tiempo y desespera en lo inmediato y en lo eterno.

Cuando, finalmente, un momento de convicción coincide con una ocasión, cuando se encuentra, con la espada en la mano, excitado por un combate, tras el asesinato de su madre, frente al rey, grita, mata y muere.

El acto de Hamlet es un acto casual y no el resultado de su reflexión: el de su pasión. No es el acto de venganza, ni la realización de su libertad. Es el fruto de su incoherencia y de su desesperación. Lorenzaccio mata para ser puro. Hamlet mata para no ser sólo un proyecto. *"Que a partir de ahora mis pensamientos sean sangrientos para no ser dignos de la Nada."* Pero su acto pronto se aleja de él *"fuera de alcance, oscuro y puro como un cristal negro" (Las Moscas).* Hamlet muere y su acto es para siempre ambiguo: *"Si la muerte... no me detuviese tan estrictamente, ¡oh!, podría deciros..., pero resignémonos... Horacio... justifícame".* Horacio, el amigo fiel, no lo justificará, ya que sólo cuentan las justificaciones que nos reconocemos.

V
La moral de la desesperación

"Ya que el gran crimen del hombre es haber nacido."
(Calderón)

Los hombres no comprenden ni la muerte, ni el mal. La moral comienza cuando lo que es, no es lo que debería ser; cuando los hombres se asombran de ello y sufren y rechazan la moral. Hamlet, que vivió poco entre los libros hasta la edad de hombre, para heredar entonces un mundo de lodo en el que la justicia y su madre ya no se confundían, Hamlet y nosotros, ¿no somos hermanos?

Que la historia tenebrosa del hombre enfermo nos enseñe, y nos preserve de vivirla. Llevamos todos en nosotros, en esta época confusa, la exigencia de un tiempo simple. Por nosotros solos vendrá.

Cahiers libres de la jeunesse, n.º 3, mayo de 1960.
(Inédito; texto sobre galeradas.)

5 Retrato del apasionado

La petrificación

En este silencio frenético en el que nuestros deseos entrechocan, cada batido de nuestra sangre turba nuestros pensamientos y nuestras decisiones. Nuestras pasiones nos llevan, el mundo nos trata duramente, y nos tienta el refugio de una existencia sin intenciones, sin nada que mover, sin nada que nos conmueva. – He deseado ver a los Otros reducidos a bailar en torno a mí un ballet sin música. Los apasionados saben del poder de los sentimientos, y se asustan del poder de los seres, de las cosas y de los acontecimientos sobre su corazón. – El mundo habría sentido el peso de mi pasividad. Recuperar la sonrisa de las estatuas griegas.

La renuncia a las pasiones sólo puede venir de un apasionado. Prisionero de los objetos que desea, sueña con la inmovilidad, con la plenitud, con la petrificación. Se hace duro y no cede en nada por miedo a que la coraza que se ha ceñido al pecho se disloque si afloja solamente su presión. – Envidiaba yo la ironía de los enclaustrados y de los cadáveres.

El desprecio

Esta renuncia deja el sabor muy necesario de la sequía. Enseña que todo no es sino espectáculo. *"The world's a stage."* Yo soy su único espectador. Se aleja el miedo, nuestra voluntad se va afianzando por sí misma. La estatua se anima, vive, se complace en ello. Algunos llamarán fuga a esta negativa a reconocer la conciencia otra. Pero yo no soy *yo* más que si *tú* no eres *nada*. Vaya política más taciturna, sombría y solitaria... ¿Noble?

Lo serio cansa. La soledad y la insolencia son virtudes difíciles. Hay otro desprecio, más secreto, más sutil, más sabroso, y es la cortesía, "ese vicio bribón y jovial". Seamos pues afables, indolentes, desenvueltos. La untuosidad de la cortesía, si bien deliciosa un momento, pronto empalaga. Y pasamos sin cesar de un desprecio a otro, de la altivez a la humildad, de la brutalidad a la maniobra, de la retirada al libertinaje.

La hipocresía

Nuestros actos nos revelan a los hombres. Nosotros, que sabemos que el mundo es parecer, pensemos nuestros actos y gobernaremos las apariencias. El hipócrita crea actos que no lo expresan, que lo sirven, que lo distraen.

Gran pasión es la hipocresía. Valmont enamorado no es un apasionado, la Merteuil de corazón de piedra (o de jaguar) no flaquea en el camino. Pobre Tartufo, que una Elvira basta para perder. La hipocresía es una pasión celosa.

La ambición es una cadena para algunos, otros disfrutan persiguiéndola. Rastignac no es menos apasionado que Julien, lo es de otro modo. ¡Que esta diferencia no nos disimule su estrecho parentesco!

La protección de los sistemas

Me gustan los planes, los de Napoleón y los de Don Juan. Creo que es bueno hacerlos y que es bueno no seguirlos. Julien, si hubiese vivido tras el asesinato de la señora de Rênal, hubiera sido Fabrice, ya que ha comprendido que siempre hay que "envidiar su carrera". Fabrice lo dispone todo y luego lo cuestiona todo, sin vacilación. Hay que imaginar alegre al Caballero del Apocalipsis. Con los rasgos de Fabrice. Reconciliación de Wagner y de Bizet, del Norte y del Sur.

En una palabra, hay que conocer la Nada y amar la vida, recuperar nuestras pasiones y amarlas por sí mismas. Pienso en la Fronda: la inteligencia, la energía, la vida, prodigadas en los complots, en los combates para nada. Para nada. La vida es un esfuerzo sin fin.

Aforismos

- Las pasiones que manifiestan la libertad de un Fabrice esclavizan a los románticos.
- La libertad se compone de tres pasiones: la pasión de la independencia, la de la voluntad, la de la indiferencia. Parentesco de los revolucionarios, los estoicos y los libertinos.
- Tengo todos los rostros. Pero, ¿qué otro rostro que no sea el rostro de la juventud puede tener el que lleva todos los rostros?

– La indiferencia nos protege del fanatismo. La razón nos protege del escepticismo. Las pasiones nos protegen de la inacción.
– Hay que ejercitarse.
– Ser apasionado, es reconocer que algunas ideas pueden sentirse. Delante de la Convención, Saint-Just analizó con el máximo rigor las necesidades del gobierno revolucionario antes de concluir que eran apreciables, de inmediato, para el corazón de todo patriota.
– Sabemos que justificamos *a posteriori* nuestra elección. Lo cual no altera nuestras razones.
– La acción fusiona nuestras contradicciones, termina nuestros bocetos. La muerte nos da un solo rostro. Hay que conseguir una vida realizada.

Cahiers libres de la jeunesse, n.º 3, mayo de 1960.
(Inédito; texto sobre galeradas.)

Parte Dos

6 Acción de la estructura

ADVERTENCIA

Este texto requiere, dadas sus circunstancias, una introducción. El 27 de junio de 1964, Jacques Lacan fundaba la Escuela Freudiana de París y la abría a los no analistas. Algunos alumnos de la Escuela Normal, para adherirse, se reunieron, como lo exigían los estatutos, en un "cartel" designado por el objeto de su interés: Teoría del Discurso. Las páginas que van a leerse estaban destinadas a justificar el título bajo el cual los miembros de ese grupo esperaban inscribir sus trabajos, tributarios y ubicados en el mismo campo conceptual. Debían aparecer en el Anuario de la Escuela Freudiana, que en definitiva no fue más que una lista de nombres, y así se quedaron en el andén.

Si ahora las publico es porque me parece que a pesar del tiempo transcurrido, de los seminarios de todo tipo en los que se descifra a Freud, Marx y Lacan, poniendo al alcance de todas las mentes verdades difíciles hasta hace poco, a pesar de lo que los Cahiers pour l'Analyse ya han dado a conocer –lo que en este texto se articulaba sobre las relaciones de la estructura del sujeto y de la ciencia no ha sido aún advertido por la mayoría.

PREÁMBULO

El psicoanálisis, al igual que el marxismo, proporciona el principio de una nueva organización del campo conceptual. Por eso no se sabe todavía escuchar y se le hace callar o, por una represión interior, se le acoge pero se le conjura; se recita en lenguajes que le son teóricamente anteriores, algunos incluso contra los cuales se elevó –la psicología, la biología, la filosofía del espíritu–, se usurpa su nombre, y se destierra su verdad.

Recordarlo es hoy una demanda todavía intempestiva.

Por nuestra parte entendemos suscribir y hacer el esfuerzo de tal reorganización. Se querrá quizás creer que no vemos los límites en que nuestra ignorancia de la práctica psicoanalítica encierra necesariamente nuestro discurso. Pero no: nos parece que el haberlos reconocido no deroga la legitimidad que le deseamos, por el contrario, la funda y la asegura contra la eventual intemperancia de nuestras presunciones. El discurso cuyo proyecto concebimos sólo podría asumir, dentro del campo freudiano, una vocación crítica, apareciendo la experiencia misma sólo en su concepto. Nuestra intervención es entonces dependiente de la mediación de un discurso que la precede, al que hemos identificado desde el principio, por ser el único que toma su punto de partida de una idea de la especificidad freudiana, en el de Lacan.

Nuestra primera empresa –no es la menos ambiciosa– era comprenderlo y ponerlo a prueba, constituyendo una exposición sistemática del mismo. Aquellas que meditamos intentan extender sus consecuencias, unirlo con otros discursos que lo recortan, elaborar su teoría unitaria a fin de distribuir su potencia en espacios variados, algunos de los cuales ya serán aquí delimitados. El conjunto de este trabajo sobre conceptos tendrá por consigna la definición de Georges Canguilhem: "...trabajar un concepto es hacer variar su extensión y comprensión, generalizarlo mediante la incorporación de rasgos de excepción, exportarlo fuera de su región de origen, tomarlo como modelo o inversamente brindarle un modelo, en resumen, darle progresivamente, mediante transformaciones reguladas, la función de una forma"[1].

La crítica puede aspirar, sin duda, a la libertad de su establecimiento: ella sólo es convocada al tribunal de su rigor. En este caso, sin embargo, recibe la confesión y la sanción de su discurso-objeto; es rápidamente conducida a tomar de él los medios de su progreso, hasta el concepto de su ejercicio, y muy pronto se da cuenta de que ella no está solamente autorizada, sino además pensada ya por lo que ella piensa, requerida e incluso iniciada, que ella no le es extraña, que lo desdobla sin excederlo. Este descubrimiento deviene poco a poco su tema. La propiedad del discurso de Jacques Lacan, de ser preceptor de su crítica, depende primero del concepto, que él se creó y que pone en obra, de estructura.

ESTRUCTURA

Aquí la estructura no ocupa el lugar de ningún más allá del discurso científico.

---

1. "Dialectique et philosophie du non chez Gaston Bachelard", *Revue Internationale de Philosophie*, 1963.

La distancia a la experiencia sobre la que triunfan los modelos, pero de la que son al mismo tiempo, por incluir lo irreductible en su definición, los guardianes rigurosos, esta distancia ahora debe desaparecer, y debe operarse una integración exacta de lo vivido a lo estructural.

La estructura no sustrae un contenido "empírico" a un objeto natural, como tampoco le agrega "lo inteligible". Si nos contentamos con exponer un objeto en la dimensión de una red para describir la disposición de sus elementos, se aísla el producto de su producción, se establece entre ellos una relación de exterioridad, y con el fin de volvernos indiferentes a la causa, se termina entendiéndola como el guardián oportuno de sus efectos: sólo lo autoriza un pensamiento mecanicista.

Cuando la actividad estructuralista rechaza temporalidad y subjetividad en el espacio neutralizado de la causa, se obliga a garantizar sus objetos ya constituidos refiriéndolos a "la vida social", a "la cultura", a la antropología, incluso a la biología, al espíritu. Sin razón alega el estructuralismo lingüístico: éste, por abrir su campo a partir de la exclusión preliminar de toda relación que el sujeto mantiene con su palabra, rehúsa decir algo al respecto. En tanto que la *alteración* provocada por la exclusión del sujeto hablante no es anulada, las estructuras lingüísticas no valen fuera de su región de origen. El estructuralismo psicoanalítico, en nuestra opinión, realiza su exportación legítima, dado que sus objetos son experiencias: una subjetividad ineliminable se sitúa allí, y se desarrollan según su tiempo interior, *indiscernibles del progreso de su constitución.* La topología de la estructura no contradice por lo tanto su dinámica, que escande el desplazamiento de sus elementos.

Estructura, pues: lo que sitúa una experiencia para el sujeto que incluye.

Dos funciones califican nuestro concepto de la estructura: la estructuración, o *acción* de la estructura, y la subjetividad, *sujetada.*

Extraer las consecuencias de una hipótesis tal engendra la estructura.

Está claro, para comenzar, que la primera función impone repartirla entre un plano actual, en el cual se ofrecería a un observador, y que constituye su estado y, por otra parte, una dimensión virtual según la cual todos sus estados son susceptibles de ser deducidos. Se deberá entonces distinguir una estructura *estructurante* y una estructura *estructurada.*

Hasta este punto, la primera es como la cláusula inmanente de la segunda, es decir, el punto de vista a adoptar por una investigación que se des-implica para pasar de una descripción a un conocimiento. Los dos órdenes están en continuidad, su relación es simple, su división es solamente relativa a un método, no hay retraso, por lo tanto no hay tiempo estructural, y un movimiento establecido en la estructura sería solamente aparente.

Si ahora se supone un elemento que se vuelve sobre la realidad y la percibe, la refleja y la significa, un elemento capaz de redoblarla por su propia cuenta, se obtiene una distorsión general que afecta al conjunto de la economía estructural y la recompone según leyes nuevas. Desde el momento que implica el elemento que hemos mencionado,

- su actualidad deviene una experiencia,
- la virtualidad de lo estructurante se convierte en una ausencia,
- esta ausencia se produce en el orden real de la estructura: la acción de la estructura pasa a ser sostenida por una falta.

Lo estructurante, *por no estar allí*, rige lo real. Ahí se tiene la discordancia motriz, pues la introducción de este elemento reflexivo, que basta para instituir la dimensión de lo estructurado-en-tanto-que-lo-vive como obteniendo sus efectos sólo de sí mismo, dispone una ordenación *imaginaria*, contemporánea y diferente del orden real, y sin embargo coordinada a él y formando, en adelante, intrínsecamente parte de la realidad. En lo real se constituye una estructura terciaria, imaginaria. De ello resulta que la reduplicación del sistema estructural, ideal en un primer momento, se encuentra realizada. Esta duplicidad afecta en cambio al elemento reflexivo que la provoca –dado que a nivel de lo estructurante no hay reflexividad–, lo que lo define como un sujeto, reflexivo en lo imaginario, no reflexivo en lo estructurante.

En este segundo estatus, su servidumbre lo reduce a no ser más que un soporte. La relación del sujeto con la estructura, relación circular en tanto que cada uno de los términos debe al otro su definición, aunque disimétrica ya que es una inserción, se revela inconcebible sin la mediación de una función imaginaria de *desconocimiento,* que restablece la realidad en su continuidad mediante la producción de representaciones que responden a la ausencia de lo estructurante y compensan la producción de la falta. La estructuración funciona bajo su cubierta, y en ese sentido, lo imaginario es su medio. Pero al mismo tiempo es su efecto: las representaciones son puestas en escena por lo que ocultan, que tienen por función ocultar, *no existen más que para disimular la razón de su existencia.* Su propia estructura estructurante es lo que ocultan, pues lo que estructura la realidad las estructura. El hecho de que su reflexión en la realidad les asegure una coherencia, que es otro nombre de su inercia, las constituya en sistemas, y se ocupe incesantemente en hacerlas independientes de la acción de lo estructurante, implica que la falta que ellas previenen las convoca interiormente.

La causa se refleja entre los efectos que determina y que se ignoran como tales. Por eso su subordinación a las transformaciones estructurales es necesariamente indirecta. La acción de lo estructurante, según la resistencia de las representaciones o de los sistemas de representaciones, se ejerce en forma desigual sobre lo imaginario, por lo tanto sobre lo real, y diferencia y multiplica los niveles de lo estructurado en su conjunto. Llamamos *sobredeterminación* a la determinación estructurante que, por ejercerse por el rodeo de lo imaginario, se hace indirecta, desigual y excéntrica respecto de sus efectos.

Para reconstituir la totalidad de la estructura es necesario hacer corresponder, en este espacio permanente de distorsiones y diferencias generalizadas, a los efectos con su causa lateral, evaluar la medida de su incidencia y relacionarla con la falta como a su principio.

La falta nunca es manifiesta, ya que lo estructurado desconoce la acción que la forma y a primera vista ofrece coherencia, homogeneidad. Debe deducirse de esto que en ese lugar donde la falta de la causa se produce en el espacio de sus efectos, se interpone un elemento que realiza su suturación.

En nuestra opinión, toda estructura comprende por ende un señuelo, que hace las veces de falta, ligado a lo que se percibe: es el eslabón más débil de la secuencia dada, punto vacilante, que no pertenece más que en apariencia al plano actual; el conjunto del plano virtual (del espacio estructurante) *se aplasta en él.* Este elemento, exactamente *irracional* en la realidad, denuncia, insertándose allí, el lugar de la falta.

Distinguiremos la función del elemento que no enmarca, sino que engaña al ojo, y por el cual toda percepción es desconocimiento, llamando a su lugar el *punto utópico* de la estructura, su punto impropio o su punto *al infinito.*

Sin duda, una investigación positivista no deja de engañarse con él y de eludirlo, pues nada que exceda la cara chata sobre la cual pasea su vista cae en sus redes.

Se impone una conversión de la perspectiva para percibirlo. Ese lugar imposible de ocupar se anuncia entonces por su aspecto singular, contradictorio, desigual al plano; el elemento que lo enmascara señala ahora, por cierta flexión de su configuración, que su presencia es indebida, que no debería estar allí. Pero es sobre ese punto, allí precisamente donde se intersectan, se articulan, el espacio expuesto de lo estructurado y el espacio "trascendental" de lo estructurante, sobre el cual se deberá regular la mirada y tomar como principio de organización a lo que se hace las veces de (al *lugar-teniente* mismo). Rápidamente se verá al espacio pivotar sobre sí y, realizando su división por medio de una rotación completa, descubrir el reino interior de su ley y el orden que secretamente ajusta lo que se ofrece a la mirada: la traslación de la estructura la abre a una lectura diagonal. La topología que se aplicase a ilustrarla debería ser construida sobre un espacio unido en su centro a la exterioridad de su circunscripción, en una convergencia puntual: su exterior periférico es su exterior central. El afuera pasa a lo interior.

Toda actividad que no juega solamente en lo imaginario, sino que transforma un estado de la estructura, parte del punto utópico, puesto estratégico, específico de cada uno de los niveles en que lo estructurante falta. Es evidente que el sujeto que concierta esta práctica eficaz, no está por ello liberado del desconocimiento correspondiente a su lugar.

SUJETO

La teoría del sujeto, que considera como adquirida su inserción, debe enfocarse a partir de la estructura al sujeto. Aquí, es esencial preservar el orden que va de la estructura al sujeto: es suficiente para arruinar la posibilidad de un discurso que buscase su fundamento en la esfera de una donación inmediata, al final –en el origen– del recorrido histórico o metódico de una conciencia –de sí, su rodeo a la vez preambular y esencial–. En cambio, si sólo la estructura es originaria, si ningún repliegue de la conciencia sobre sí misma le descubre su organización, entonces lo inmediato no es más último que inicial, no se trata de redescubrirlo ni de esperarlo, la realidad no debe ser "desenterrada", ni superada, es necesario atravesarla y forzar en su retiro a lo que la sitúa. Entonces, si implicamos a la subjetividad contra la filosofía del estructuralismo, no es como regente, sino como sujetada. Requerida por la representación, no lo es sin embargo en la posición de su fundamento, con la función de una causa. Su laguna reparte su ser consciente a cada uno de los niveles que el imaginario induce en la realidad estructurada: en cuanto a su unidad, depende de su localización, su localización en la estructura estructurante. De esta forma, el sujeto en la estructura no conserva ninguno de los atributos del sujeto psicológico, escapa a su definición, nunca estabilizada entre la teoría del conocimiento, la moral, la política y el derecho.

Esas son las tareas de la teoría del sujeto. Primero debe desmentir la tentativa fenomenológica de volver a encontrar el estado ingenuo o salvaje del mundo por medio de una investigación arqueológica basada en la percepción. La fenomenología, en efecto, esperaba, de una reducción de lo visible a lo visible, la donación del soporte secreto, inalterado, ahistórico, del conocimiento y de la historia, y lo invisible que volvía a encontrar no era más que el envés de un visible en definitiva milagroso. Si, por el contrario, lo invisible habita una estructura que sistematiza lo visible que la oculta, si lo invisible varía y transforma lo visible, comienza la arqueología verdaderamente radical de una percepción totalmente histórica, absolutamente especificada, estructurada como un discurso, y que devuelve a su identidad de principio el ver y el decir. La obra de Michel Foucault da el primer ejemplo de esta arqueología[2].

Es necesario, también, tratar en detalle los análisis psicológicos del sujeto. Éstos coinciden en que le asignan en definitiva una posición estatutariamente idéntica frente a los objetos del mundo, y que resumen su función en la de reunirlos dentro de un paréntesis para constituir su unidad constante bajo el nombre de realidad; ésta, retrospectivamente, mide la corrección del funcionamiento subjetivo. El discurso de la sobredetermi-

2. Es el tema explícito de *Nacimiento de la Clínica.* Se pensará menos en desacreditar el discurso fenomenológico (el de Maurice Merleau-Ponty en particular), positivista en tanto que se ciega a toda mutación de lo invisible estructural, que en retomarlo para fundarlo de otro modo: como discurso riguroso, en lo imaginario, de lo imaginario.

nación, por el contrario, nos conduce a reconocer como espontánea la orientación del sujeto hacia el señuelo. Esencialmente, el sujeto resulta decepcionado, *su error es constitutivo.* No le impide registrar y capitalizar sus experiencias, disponer en la realidad de un sistema de orientación por el cual su existencia se adapta y persevera. Pero nada puede hacer que su adaptación a lo real sea innata. Por lo tanto, no podría ser pensada según modelos que valen para el mundo animal; se efectúa por la intervención secundaria de un sistema corrector. Sin duda, será necesario distinguir entre un desconocimiento adecuado, necesario a la acción de la estructura, y un desconocimiento inadecuado, perjudicial para la subsistencia del sujeto. En el punto en que estamos, la percepción y la ideología, al igual que lo que se puede llamar la sensibilidad, se reúnen en el concepto único de desconocimiento.

El desconocimiento no es el envés exacto del conocimiento, y la "toma de conciencia", es decir, la operación que hace pasar lo vivido a lo explícito, no lo termina; por el contrario: forma parte del mismo, y la formación de sistemas conceptuales, cerrados o poco menos, continúa la dimensión de lo imaginario. La esfera psicológica, la de las voliciones y de los apetitos, es decir, de las motivaciones, deriva del desconocimiento funcional de lo estructurante, de donde se deduce que los hombres actúan siempre en función de un fin, es decir, de lo útil que ellos perciben. Ya que los sistemas adecuados que elaboran el desconocimiento de la causa forman, para Claude Lévi-Strauss, el objeto de la etnología, ésta sigue siendo una psicología y habrá que esperar del psicoanálisis la limitación del campo de la psicología.

La teoría del sujeto introduce una doctrina de la intersubjetividad, que es ya evidente que no puede articularse en términos simplemente recíprocos. La relación que se establece entre un sujeto y otro no es más reversible en la medida en que no depende exclusivamente de uno de los dos: esta alteridad simple, gemela o escisípara habita lo imaginario, y la desesperación de deducir su ordenamiento a partir de uno de los términos hace que se califique de milagroso. Lo que los une y ordena sus lazos, y de lo cual sólo vemos los efectos, se anuda y se decide sobre Otra Escena, y los refiere a una alteridad absoluta en ausencia, que podemos llamar exponenciada. Nunca se da en presente y, sin embargo, no hay presencia que no pase por ella y que no se constituya ahí.

Ninguna relación de un sujeto con otro sujeto o de un sujeto con un objeto colma la falta, si no es por una formación imaginaria que la sutura, pero él se reencuentra en su interior. El cuestionamiento del momento de la reciprocidad en las psicologías de la intersubjetividad debe ser correlativo de una refutación de todas las políticas liberales o humanistas, de las cuales se puede decir que derivan de la reciprocidad y que están indefinidamente a la búsqueda de ese objeto que vendría a colmar lo que conciben como la "insatisfacción" humana (es la *uneasiness* lockeana), y aseguraría la transparencia de las relaciones interhumanas. Cuando se sabe que no es a partir de un "tener" que el hombre la tiene, sino a partir de su "ser" o, sin metáfora, que lo imaginario es el rodeo de la determinación de una estructura que implica un sujeto, es necesario considerar una política de la felicidad, es decir del ajuste, como el medio más seguro de reforzar la inadecuación del sujeto a la estructura.

Finalmente, es necesario reunir todos estos análisis en una doctrina de la alienación, en abierto conflicto con Hegel y el neo-hegelianismo. Para una subjetividad que no alcanza para definir la reflexividad, la alienación no puede ser tratada como ese infierno del que debería liberarse para poseerse ella misma y gozar de su actividad; esto no se concibe más que de una esfera autónoma de la conciencia de sí, y no de un sujeto reduplicado y por lo tanto lagunar, sujeto-agente imaginario de lo estructurado, sujeto-soporte, elemento de lo estructurante, que sólo aparece como sujeto en lo real desconociéndose en lo imaginario como elemento en lo estructurante. Pero una alienación le es esencial al sujeto, dado que él no se efectúa como agente más que en lo imaginario por tomar a su cuenta los efectos de lo estructurante, donde ya es contado. Actor, él es director en su fantasma.

Ciencia

Ahora bien, una vez que las empresas del sujeto fueron restituidas a su dependencia radical respecto a la acción de lo estructurante, y la alienación definida como constitutiva del sujeto sujetado, ¿cómo es posible un discurso que se dé un objeto adecuado y desarrolle sus propias normas? Y primero: ¿cómo es posible acaso un discurso de la sobredeterminación? El único hecho que se expone a reencontrar, o más bien que suscita necesariamente en su avance, más allá del problema de toda cientificidad en general, el de su propia posibilidad, manifiesta el circuito singular de una implicación refleja: su estatus depende de una doctrina de la ciencia en la que se funda su razón, pero del cual, sólo a él le corresponde asignar su lugar, obligar al concepto, y dictar los términos categóricos. Esperamos hacer de este problema exactamente final y primero, el punto de partida temático a partir del cual ordenar nuestro proceso.

Si se acepta llamar campo del enunciado al campo en que se establece la lógica, campo de la palabra al del psicoanálisis, anticipando sobre nuestro saber, pronunciaremos la exigencia de una posición nueva en el espacio del lenguaje, y produciremos esta proposición: que un campo, que tiene como pertinencia cardinal la *cientificidad o no*, debe constituirse como campo del discurso.

Cuando la lógica construye un sistema formalizado, expresa el alfabeto de sus símbolos, un conjunto inicial de fórmulas y reglas para su formación y su deducción, de forma que los enunciados que produzca no se duplicarán con ninguna dimensión virtual; cuando una actividad lógica se dedica a sistemas que ella misma no engendró, esta dimensión sigue siendo, en rigor, reductible. Por el contrario, los enunciados aislados en el campo lingüístico se refieren a un código cuya virtualidad es esencial, y los define como mensajes. Pero la comunicación misma no cuenta, y tanto la emisión como la recepción más que formar parte del campo, fijan sus límites.

Si ahora intentamos derivar de la relación lingüística un sujeto que sea capaz de sostenerla, no podrá ser el soporte indiviso del mensaje y del código, no mantendrá con uno y otro una idéntica relación: el código, necesario para la producción de la palabra, pero ausente de la palabra enunciada por el sujeto, no pertenece al sujeto emisor y no debe situarse en su lugar, la recepción también lo requiere, y es necesario situarlo en la dimensión exponenciada de la alteridad, que ya indicamos. La distribución tópica que se delinea divide el plano donde el sujeto se efectúa en primera persona, y el lugar de ese código donde es ubicado, pero donde, justamente, en tanto que sujeto-agente, es elidido, y desde donde se origina su palabra, para invertirse al ser proferida y volver ahí en definitiva, ya que es el lugar que garantiza su intelección y su verdad. La falta del código a nivel de la palabra y la falta del sujeto-agente en el lugar del código, que son correlativos, abren en el interior del lenguaje la escisión del inconsciente. Podemos decir ahora: *el sujeto es capaz de un inconsciente.*

A esta escisión, el psicoanálisis articula esta Otra escena en la que se decide y se estructura la palabra del sujeto, donde éste figura en una función pasiva como un elemento cuya transitividad está gobernada por una combinatoria cuaternaria, otra Escena que hace llegar al animal humano al lenguaje, y hacia la cual su palabra liberada retorna como a su dependencia primordial y generatriz.

Pero otros circuitos se conectan sobre esta escisión. Nosotros nos ocupamos de esta palabra forzada por el objeto consciente de su fin como veracidad, que llamamos discurso. La topología permanece, pero aquí la conexión sólo se establece por una selección secundaria, a la Otra escena primordial, es decir, según los modos del lenguaje, la conexión se hace con *Otras escenas* injertadas en el lugar del código. Ejemplo: la Otra escena de la lucha de clases, cuya combinatoria dispone los "intereses de clase". Una especificación de las faltas se anuncia.

La articulación fundamental que estructura los discursos como palabras forzadas prescribe una lectura de los mismos que no es ni un comentario ni una interpretación. No es un comentario porque no está en búsqueda de un sentido que se habría, por efecto de una desgracia inseparable del verbo, abstenido del texto, pero que éste sin embargo llamaría, implicaría necesariamente, y que se podría restituir y multiplicar indefinidamente recurriendo a un fondo tácito, e inagotable frente a toda explotación, de la palabra. Tampoco se trata de hacer pasar un sentido de un texto a otro y, por ejemplo, traducirlo en el vocabulario de una filosofía constituida sin excluir que otra interpretación también puede tomarla a su cargo; en relación al discurso primero, un discurso tal sería como un elemento neutro, y establecido sobre él como parásito. Retomar un enunciado por medio de otros enunciados más próximos del misterio de su sentido supone esa relación a la letra criticada por Spinoza en la exégesis bíblica. Finalmente, no es suficiente restituir su continuidad a un texto, su simultaneidad lógica, deletrear su superficie. El "estructuralismo" a nivel del enunciado sólo debe ser un momento para una lectura que busca la falta específica que sostiene la función estructurante a través de lo que hace las veces de aquélla. Para esta lectura transgresora que atraviesa el enunciado hacia la enunciación, nos pareció conveniente el nombre de *análisis.*

La falta en cuestión no es una palabra callada que bastaría con sacar a la luz, no es una impotencia del verbo o una astucia del autor, es el silencio, el defecto que organiza la palabra enunciada, es el lugar oculto que no podía aclararsc porque es a partir de su ausencia que el texto era posible y que los discursos se proferían: Otra escena donde el sujeto eclipsado se sitúa, desde donde habla, por la cual él habla. La exterioridad del discurso es central, esta distancia es interior. Es necesario romper la determinación recíproca en la que se conciertan los elementos de un objeto en una red estructurada: buscamos una determinación unívoca; no solamente lo que eso quiere decir, sino también sobre todo lo que eso no dice, en la medida en que *quiere* no decirlo. Nosotros consideraremos, entonces, el conjunto de un texto como los alrededores de una falta, principio de la acción de la estructura, que lleva, por lo tanto, las marcas de la acción que realiza: *la sutura.* A partir de lo que le hace las veces, hacia lo cual convergen los desórdenes del enunciado de sus contradicciones, hacer pivotar el plano del enunciado debe revelar el discurso del sujeto como el discurso del desconocimiento correspondiente al lugar donde, en tanto elemento o soporte, está situado en la estructura estructurante. El discurso que emite el sujeto, él lo recibe, y la determinación se invierte al hacerse en primera persona. Entonces, se explorará el espacio de desplazamiento de la determinación. A la vez unívoca, reprimida e interior, retirada y declarada, sólo podrá ser calificada de causalidad *metonímica.* La causa se metaforiza en un discurso y en general en toda estructura; pues la condición necesaria para el funcionamiento de la causalidad estructural es que el sujeto tome el efecto *por la causa.* Ley fundamental de la acción de la estructura.

¿Cómo es posible, entonces, un discurso que no recibe sus órdenes más que de sí mismo, un discurso chato, sin inconsciente, adecuado a su objeto? Está claro que no es el retorno a la realidad más allá de los discursos, una atención des-implicada y simplemente positiva, los que abren su campo, sino que es nuevamente un estado singular de lo estructurante, una posición particular del sujeto con respecto al lugar de la verdad, lo que cierra la palabra sobre sí misma. Este cierre del discurso científico no podría ser confundido con la sutura del discurso no-científico, porque expulsa verdaderamente la falta, reduce su exterioridad central, la desconecta de toda otra Escena. Pensado desde el interior del campo que circunscribe, será llamado: clausura. Pero el límite de esta circunscripción tiene un espesor, tiene un exterior; dicho de otra forma, el discurso científico no está afectado por una falta simple, *pero la falta de una falta es también una falta.*

La doble negación confiere una positividad a su campo, pero en la periferia de éste se debe reconocer la estructura que lo hace posible, cuyo desarrollo, sin embargo, no es independiente. La falta de la falta deja abierto en todo discurso científico el lugar del desconocimiento, la ideología que la acompaña, sin serle intrínseco: un discurso científico como tal no implica un elemento utópico. Sería necesario representar dos espacios superpuestos, sin punto de almohadillado, sin deslizamientos (lapsus) de uno en el otro. El cierre de la ciencia opera entonces una repartición entre un campo cerrado, del que no se percibe ningún límite si se considera desde el interior, y un espacio forcluido. *La forclusión* es el otro aspecto de la clausura. Este término será suficiente para indicar que toda ciencia está estructurada como una psicosis: lo forcluido retorna bajo la forma de lo imposible.

De hecho, es el corte epistemológico lo que reencontramos, pero al abordarlo por su vertiente exterior debemos reconocer el privilegio y el estatus científico inédito de un discurso de la sobredeterminación que constituye su campo en el exterior de toda ciencia en general y cuya conminación tanto teórica como práctica (terapéutica o política) viene dada por el *"Wo es war, soll ich werden"* freudiano, que convoca, según nuestra opinión, al sujeto científico a reasumirse.

Conocemos dos discursos de la sobredeterminación: el discurso marxista y el discurso freudiano. Dado que el primero está hoy liberado por Louis Althusser de la hipoteca que hacía pesar sobre él la concepción de la sociedad como sujeto histórico, así como el segundo lo fue por Jacques Lacan de la interpretación del individuo como sujeto psicológico, unirlos nos parece ahora posible. Sostenemos que los discursos de Marx y de Freud son susceptibles de comunicarse por medio de transformaciones reguladas, y de reflejarse en un discurso teórico unitario.

Septiembre de 1964

Nota sobre las causas de la ciencia

El problema crucial para la Doctrina de la ciencia, el mismo que la define, recae en su propio estatus.

En efecto, sólo ella puede proporcionarlo, ya que, a diferencia de una ciencia particular, no tiene exterior: los principios que la gobiernan caen bajo su propia jurisdicción. La Doctrina, entonces, sólo puede plantearse si se cuenta dentro del número de sus objetos: si no tiene exterior, está en el interior de sí misma. La introyección que sufre en cuanto se instaura, la destina a todos los fenómenos de la auto-reflexividad.

Las consecuencias de esta propiedad son las siguientes: la Doctrina no tiene sentido, o al menos no tiene sentido enunciable. Como tal, no puede ser dicha porque no puede ser construida. Desde el principio, exponerla, es decir, explicarla, desarrollarla, desplegarla, es en rigor, imposible. Y si no hay nada que no pueda ser dicho, es decir, si *no hay nada sin nombre* (ésta es nuestra versión del principio de la razón, y hay dos maneras de entenderlo según la puntuación: Heidegger lo demuestra para Leibniz), el proyecto de una Doctrina de la ciencia es imposible, tiene el nombre de lo innombrable: La *Doctrina Anónima.*

Entonces, todo enunciado que la contemple será preambular y periférico y al mismo tiempo ella no es más que preámbulo y periferia: es aspirada por sus alrededores. El discurso que le es adecuado está siempre al lado de ella, porque ella no está en ninguna parte y, por eso, está por doquier.

Esas propiedades maravillosas se deducen de una sola: su auto-reflexividad que, al impedir dividirse a su enunciación, hace en su campo el meta-lenguaje indiscernible del lenguaje-objeto. Sería contradictorio, entonces, con el concepto de la Doctrina Anónima que se la pueda aislar en un lugar cualquiera del Universo del discurso. Exponerla, es decir, errarla a fin de producir en el lenguaje su ausencia dándole cercanía, es una empresa infinita.

Por esta razón, Fichte, que quería lo que yo expongo, es ante todo un filósofo que habla, cuyos libros no constituyen más que el residuo de la palabra. En cierto sentido, su discurso no debe conservarse, es proferido con miras a desaparecer, e implica siempre la cláusula de anulación inscrita por Wittgenstein en el punto 6.54 del *Tractatus*: *los Principios de la Doctrina de la Ciencia*, de 1794, son un "manual para sus oyentes", las exposiciones de la Doctrina retoman conferencias. No dudemos de que la falta de terminación interior de la Doctrina no es accidental: la dispersión es la única forma que le es posible. No hay meta-lenguaje de la Doctrina, por eso lo esencial nunca se dice, o se dice a cada momento, siempre presente pero jamás ahí. Y sus oyentes no forman un público, cada uno está delante de ella, confiado a sí mismo y solitario. El discurso no piensa por aquellos que lo escuchan, en su lugar, fuera de ellos, sino que cada uno debe efectuar, por su propia cuenta, y cada vez como la primera vez, la anulación del proceso de la enunciación, pues el proceso sólo se termina en el momento en que se descubre interminable, cuando el operador entrevé que la doctrina no la construía en sí mismo, sino que él se construía en ella. Así, es lo mismo decir que la Doctrina es imposible o que su exposición es infinita o que precede a todo lo que se refiere a ella o que envuelve todo lo que quiere envolverla. Se ve, de este modo, que a quien vive y se mueve en ella, y la quiere hablar o escribir, ella se presentará como un esfuerzo, "no una realidad que *es*, sino que debe ser producida por nosotros sin poder serlo" (*Principios de la Doctrina de la Ciencia*, p. 24).

Lo que aquí se enuncia depende de una *ley*, ley de la razón *a priori*, o *a posteriori* del signo: un objeto autoreflexivo, por lo tanto auto-reproductor, tiene como correlato una construcción imposible o una actividad infinita. *Por eso se puede decir perfectamente que él no existe o que es indestructible.*

Freud tuvo algún saber sobre este objeto, cuya auto-reproducción no es división, sino repetición, ya que no es separable, para haber reconocido al deseo como indestructible[3] y haber sustraído el inconsciente del principio de contradicción. En cuanto al análisis, su terminación no podría tener nada en común con el final de ningún proceso físico, pues su movimiento es perpetuo.

Agrego, para señalar el lugar donde insertar otros desarrollos, que la proposición de Fichte que cito más arriba sitúa el punto en que se articula su discurso con el de Spinoza.

"Necesariamente se debe volver al spinozismo si se supera el *yo soy*" (p. 24), y atenerse al *yo soy* como a lo Incondicionado equivale a dar al Yo absoluto las propiedades de la sustancia, como lo indica el primer escrito de Schelling, *El Yo como principio de la filosofía:* "Spinoza caracterizó a lo incondicionado de una manera perfecta, pues todo lo que dijo de la sustancia puede aplicarse, palabra por palabra, al Yo absoluto". Destaquemos sin embargo esto: debido al hecho de que Dios no es consciente de sí, la teoría de Spinoza se expone en un texto definitivo.

---

3. La *perseveración* en el sentido de Spinoza es un efecto idéntico.

Acaso las coordenadas que doy, de pasada, de Fichte –Spinoza y Freud– impedirán reír a aquellos que creen haber reconocido, aproximadamente, en la aporía de la Doctrina, ¿qué? ¡Una ideología!

Para anunciar que en mi opinión no lo es, diré que es necesario asumir los cuatro problemas de Fichte del opúsculo del 94: *Sobre el concepto de la Doctrina de la ciencia o lo que se llama la filosofía,* y yo los retomo, dirigiéndolos hacia mis fines.

¿Cómo la Doctrina está segura de agotar la ciencia, incluyendo la ciencia futura? Es que debe descubrir sus causas. ¿Cómo se distingue de las ciencias particulares? Porque piensa lo que éstas no pueden integrar a su campo: las decisiones que instituyen sus principios. ¿Cómo se distingue de la lógica? Como lógica del significante. ¿Cómo se conduce en relación con su objeto? Le es antinómica, es decir, ella y él son incompatibles, ya sea que ella lo absorba o que él se desvanezca en ella; no existen más que en la no relación, como inconmensurables.

Que estas respuestas no pasen por la Doctrina misma: anuncio solamente lo que ella debe ser. Pero está claro, desde ahora, que no hay que entender por ciencia al conjunto indistinto de todo el conocimiento humano (o sea de aquello que, para Kant, principiaba pero no derivaba de la experiencia), sino el pensamiento que calcula, verifica y experimenta; excluyendo la percepción, la conciencia, y todos los modos del sentimiento, en la Doctrina hay un lugar reservado para la historia de las ciencias en tanto que ella enseña qué *posición* del sujeto hace posible la ciencia.

Lo que es necesario saber para situar la posición de un sujeto en toda coyuntura, son las relaciones que mantiene con la instancia de la garantía, con sus enunciados, con su objeto. Si logramos fijar los modos en los cuales el sujeto correlativo de la ciencia se relaciona con estas tres determinaciones, podremos conocer las causas de la ciencia.

Cahiers pour l'analyse, n.º 9, abril de 1968.

7 Función de la formación teórica

La teoría marxista-leninista requiere una enseñanza que no se reduce a la comunicación de un conjunto de enunciados y de informaciones constituido en saber: porque el marxismo-leninismo da el principio de una nueva organización del campo conceptual, en ruptura con las referencias más constantes y las menos aparentes de nuestra actividad intelectual, enseñarlo es comprometerse en la empresa de modificar al que lo recibe. El proceso de esta transformación lo denominamos: formación *teórica.*

Si bien es cierto que no se nace marxista, que se forma uno en el marxismo, por el hecho de ser miembro de la Unión de Estudiantes Comunistas no se las tiene que ver uno, de entrada, lisa y llanamente con el marxismo dialéctico. Por esta razón son posibles estos *Cahiers*, dirigidos tanto a los estudiantes comunistas como a sus camaradas no comunistas. En lo que concierne a la teoría, será a menudo un combate idéntico el que tendremos que librar en el exterior y en el interior de la U.E.C.

¿Combate? Desde luego. Hay que postular como esencial para la formación teórica su vinculación con la lucha ideológica, ya que la ideología viene en primer lugar.

En el sistema estructural en el que se articula de un modo específico la producción, el área de desplazamiento del sujeto –en la medida en que se sostiene a nivel de lo actual, es decir, en la medida en que la estructura le concede la percepción de su estado (de su movimiento aparente) privándole de la de su sistema– se define como *ilusión.*

Ésta, en la medida en que el sujeto la reflexiona, la significa, en una palabra, la redobla, se perpetúa bajo la forma de la *ideología.*

La ilusión y la ideología, si se piensan en la continuidad de un "ver" a un "decir", forman el elemento natural de un sujeto rigurosamente cualificado por su inserción en la estructura de una formación social.

Precisamente porque la economía es *la última instancia*, a situar como el referente de todas las manifestaciones de la práctica social, su acción es radicalmente extraña a la dimensión de lo actual; se da por sus efectos.

La ausencia de la causa basta para llevar a cabo la inversión de las determinaciones estructurales a nivel de la conciencia individual.

La inversión como percepción es ilusión. Como discurso, ideología.

Convertir la percepción, reformar el discurso, es la tarea de la formación teórica.

En los círculos de estudiantes comunistas debería hacerse cargo de ella una comisión particular, favorecida por las relaciones incesantes de los militantes.

En cuanto a los que no son comunistas, deberán aceptar mantenerse en ese lugar del que habla Marx, *el umbral de la ciencia*, donde habría que colocar, dice, en la puerta de los infiernos este mandamiento:

> *"Qui si convien lasciare ogni sospetto*
> *Ogni vilta convien che qui sia morta."*

("Conviene abandonar aquí todo temor; conviene que aquí termine toda cobardía", Dante. Citado por Marx: Prólogo de la *Crítica de la economía política*.)

La comisión para la formación teórica se propone trabajar en paz, aunque sin aislarse. La ciencia exige que las discusiones sean ágiles. Pero también: disciplinadas.

No nos negamos a hablar con nadie. Lo único que pedimos es que se sigan los desfiladeros –no exentos de rigor– del conocimiento adecuado. El Círculo multiplicará las sesiones abiertas a los alumnos no comunistas de la Escuela así como a los miembros de la Unión. Lo único que deberán aportar es buena fe y –más importante que cualquier disposición psicológica– deberán trabajar.

Intentaremos proporcionar aquí los medios y dar algunos ejemplos de este trabajo.

La teoría de Marx, que tiene como campo específico "la economía política", no se limita a ella. Si hablamos de la forma que hablamos, es que la excede, en primer lugar por lo que comporta de una teoría general de la ciencia. No es que prescriba sus métodos a prácticas científicas específicas, no creemos que las tres leyes de la dialéctica formuladas por Engels den la clave universal para la ciencia. Pero Marx distribuye los elementos necesarios para el análisis del proceso constitutivo de la ciencia como tal, por lo tanto, para el conocimiento de la diferencia entre la ciencia y la ideología.

Manteniendo radical la conexión de la lucha ideológica con la formación teórica, las cuatro ponencias pronunciadas en el Círculo de la E.N.S., que se reproducen aquí de forma abreviada y simplificada, ponen de relieve la diferencia entre el proceso científico y los procedimientos ideológicos.

Cahiers marxistes-léninistes, n.º 1, 1965.

8 Los poderes de la literatura

Nuestra intención –que no es aquí sino su declaración– es que la literatura se someta a estudios relativos no a sus efectos, sino a sus poderes.

Poder: se trata de lo que *sobre sí misma* puede la literatura.

Por ello, los ensayos que componen estos primeros estudios no le reconocen un fuera –salvo que se determine por medio de esta abstracción una exterioridad que se revele en su dentro, hasta el punto en que se convierte en central para su sistema y se identifica con su principio–. Así pues, el relato de Borges se produce como ficción a partir de la ausencia de los libros que no es.

Poderes de la literatura, en nuestra opinión, lo que en ella se reduce al tratamiento del lenguaje por su estructura, rechazando el significado-para-el-lector a la posición de un efecto de transformación. Poderes pues, sobre la significación, de lo insignificado del significante.

Esto basta para hacer comprender que el concepto de estos poderes no podría hallar su sitio en las doctrinas en que el lenguaje está con el mundo en la relación del significante con el significado. Éste es el error de Sartre –tal como se enuncia directamente en su intervención en el debate del antiguo *Clarté*, acogida favorablemente por el público del Barrio Latino como la bien pensante mejor pensada[1]–. Éste es debido a la confusión del significado con el objeto con el que se acomoda en lo real,

---

1. En "Que peut la littérature?", París, 1965. (¿Qué puede la literatura?)

tras lo cual la designación se ve promovida a uso natural del significante, y su reflexión a alineación, cuya función, atribuida al significado, elude la dimensión sistemática de la significación.

Si se la circunscribe por lo contrario como tal, sus leyes nos aseguran que el discurso se constituye al hablar *de sí* (todo lenguaje es meta-lenguaje), de tal forma que en la empresa de cerrarse *sobre sí,* abre *en sí* una falla que resulta ser irreductible en la formalización lógica (no hay meta-lenguaje)[2].

Se nos concederá por lo menos que, para enterarse, con algún rigor, de lo que Sartre considera "redoblamiento reflexivo de ciertos signos sobre otros signos", sea preciso repartirlo en las cuatro estructuras dobles de la relación código-mensaje: mensaje que remite al mensaje, código que remite al código, mensaje que remite al código, código que remite al mensaje[3]. Se considerará, si se quiere, que las tres lecturas siguientes se realizan a través de estas claves. Se verá, en particular, en una gramática en la que esboza el diseño de *la Mise à mort,* la función singular que puede asumir el "yo", en tanto que enunciado que se transgrede hacia lo existente.

Sin embargo, lo que distingue para nosotros a Aragon, Borges, Gombrowicz, no es que se comenten ellos

2. Cf. Jacques Lacan, "La ciencia y la verdad", en *Cahiers pour l'analyse,* n.º 1, enero 1966. (*Escritos 2,* Siglo XXI, 1985, p. 846.)

3. Roman Jakobson, capítulo 9 de *Essais de linguistique generale,* París, 1963. (Ensayos de lingüística general.)

en el acto de escribir –ya que también, "toda gran obra tiende, como su propia asíntota, a no tener más que su composición como tema[4]"–. Es que, huyendo del mal infinito de una diferencia suya incesantemente reducida, y cortando bruscamente un progreso casi-introspectivo hacia la autonimia que quedaría bajo la dependencia de una toma-de-conciencia –*en un punto, realizan el límite de la asíntota*–. A partir de lo cual, encarnada su imposible presencia (véase el personaje anamórfico de Olek en *La Pornographie*), convertida de hecho la composición en tema, se construye un relato a medida que se enuncia el sistema que lo sostiene.

"Una literatura cuyo sistema se apercibe está perdida", decía Valéry. Pero no es así: comienza una literatura otra, asíntota acabada, máquina montada con el solo fin de permitir la descripción de su funcionamiento. Así es como, bajo la mano de Edison, que acaba de ensamblarlo, se entreabre Hadaly, adorable autómata de resortes singulares, exasperando el deseo, de no tener secreto –de no ser sino un secreto–. ¿Quién podría gozar de él? Edison se olvidó de regular su desarreglo. Aragon, Borges, Gombrowicz son ingenieros de otra fuerza: vean cómo ponen su grano de arena.

Cahiers marxistes-léninistes, n.º 8, enero 1966.

---

4. Philippe Soller, "La lecture de Poussin", en *L'Intermédiaire*, París, 1963.

9 **La sutura** *Elementos de la lógica del significado*

Quien no ha adquirido, a través de un análisis personal, las nociones precisas que sólo pueden lograrse por su intermedio, no tiene derecho a mezclarse en cuestiones de psicoanálisis. Sin duda alguna, señoras y señores, son ustedes muy respetuosos del rigor de esta prohibición que Freud pronunciara en sus *Nuevas conferencias sobre el psicoanálisis.*

Por eso, se me plantea en relación a ustedes una pregunta articulada como dilema.

Si transgrediendo las interdicciones voy a hablar de psicoanálisis, ¿qué hacen ustedes aquí, escuchando a alguien a quien saben incapaz de presentar el título que autorizaría vuestra confianza?

Por el contrario, si no hablo de psicoanálisis, ustedes que tan fielmente dirigen sus pasos hasta esta sala para oír hablar acerca de problemas relativos al campo freudiano, ¿qué hacen aquí?

¿Qué hacen aquí sobre todo ustedes, señoras y señores psicoanalistas, ustedes que conocen esta advertencia, que Freud les dirigió especialmente, de no relacionarse con aquellos que no son adeptos directos de vuestra ciencia, con esos pretendidos sabios, como dice Freud, con todos esos literatos, que cocinan su sopita en vuestro fuego, sin siquiera mostrarse agradecidos de vuestra hospitalidad? Si quien oficia para ustedes de cocinero se divirtiera dejando que un aprendiz se adueñara de esta marmita, por la que profesan tan natural cariño, pues de ella obtienen su subsistencia, no es seguro, y confieso que yo mismo lo dudaría, que estuvieran dispuestos a probar una sopita así preparada. Sin embargo, ustedes están aquí... Permítanme maravillarme un instante de vuestra presencia y del privilegio de tener, por un instante, el placer de manipular ese órgano precioso entre todos los que ustedes usan, el oído.

Debo dedicarme a justificar vuestra presencia aquí, ahora, con razones que sean al menos confesables.

No la haré esperar. Esa justificación se apoya en algo que no debería sorprender, después de los desarrollos que ocuparon este seminario desde el inicio del año escolar: el campo freudiano no se puede representar como una superficie cerrada. La apertura del psicoanálisis no es el efecto del liberalismo, de la fantasía ni de la ceguera de quien se instituyó en la posición de su guardián. Si, a pesar de no estar en su interior, no se es expulsado empero a su exterior, es porque en cierto punto, excluido de una topología restringida a dos dimensiones, ellos se reúnen, y la periferia atraviesa la circunscripción.

Que yo pueda reconocer, ocupar ese punto, les permite escapar al dilema que les presenté y ser, con todo derecho, auditores en este sitio. Comprenderán así, señoras, señores, hasta qué punto están involucrados en la empresa que fomento, hasta qué punto están profundamente interesados en su éxito.

Concepto de la lógica del significante

Aquello que trato de restituir, reuniendo una enseñanza esparcida en la obra de Jacques Lacan, debe ser designado con el nombre de: lógica del significante, lógica general, en tanto que su funcionamiento es formal en relación a todos los campos del saber, incluyendo el del psicoanálisis, al que especificándose, rige; lógica mínima en tanto que en ella se formulan tan sólo las piezas indispensables para asegurarle un desenvolvimiento reducido a un movimiento lineal, que se engendra uniformemente en cada punto de su recorrido necesario. Que esta lógica se diga "del significante" corrige la parcialidad de la concepción que limitaría su validez al campo en que, como categoría, se originó: corregir su declinación lingüística prepara una importación que en otros discursos no dejamos de hacer, una vez que hayamos recobrado lo que le es esencial.

El principal beneficio de este proceso, que tiende al mínimo, debe ser la máxima economía en el gasto conceptual, debiendo temerse en consecuencia que ella les disimule que las conjunciones que realiza entre determinadas funciones son suficientemente esenciales como para que su descuido entrañe un desvío de los razonamientos estrictamente analíticos.

Al considerar la relación de esta lógica con aquella que llamaremos logicista, se la ve singular, pues la primera trata de la emergencia de la segunda, y porque ella debe darse a conocer como lógica del origen de la lógica, es decir, que no sigue sus leyes y que, prescribiendo su jurisdicción, cae fuera de su jurisdicción.

A esta dimensión de lo arqueológico se accede muy rápidamente mediante un movimiento de retroacción precisamente a partir del campo lógico, donde su desconocimiento es más radical, porque se cumple lo más cercano a su reconocimiento.

Que este recorrido repita aquello que Jacques Derrida nos mostró como ejemplo de la fenomenología[1], sólo disimulará a los apresurados esta diferencia crucial: que el desconocimiento aquí parte de la producción del sentido. Digamos que no se constituye como un olvido, sino como una represión.

Elegimos para designarla el nombre de sutura. La sutura nombra la relación del sujeto con la cadena de su discurso; ya veremos que él figura en ésta como el elemento que falta, bajo la forma de algo que hace sus veces (lugar-teniente). Pues faltando en ella, no está pura y simplemente ausente. Sutura, por extensión, la relación en general de la falta con la estructura de la que es elemento, en tanto que implica la posición de algo que hace las veces de él.

Esta exposición está destinada a articular el concepto de sutura, no enunciado como tal por Jacques Lacan, pero que está presente en su sistema permanentemente.

Que quede bien claro que aquí no hablo en calidad de filósofo o de aprendiz de filósofo, si filósofo es aquel acerca del cual Enrique Heine dice, en una frase citada por Freud, que "con sus gorros de dormir y los jirones de su batín tapona los agujeros del edificio universal".

---

1. Cf. Husserl, *L'Origine de la géométrie.* Traducción e introducción de Jacques Derrida. PUF, 1962.

Pero cuídense de pensar que la función de suturación le es particular: lo que especifica al filósofo es la determinación del campo de su ejercicio como "edificio universal". Es importante que estén persuadidos de que el lógico, igual que el lingüista, a su nivel, sutura. E, igualmente, quien dice "yo" (je).

Agujerear la sutura exige atravesar lo que un discurso explicita de sí mismo; que se distinga de su sentido, su letra. Esta exposición se ocupa de una letra, muerta. La hace vivir. No nos asombremos que su sentido muera.

El hilo conductor del análisis es el discurso sostenido por Gottlob Frege en sus *"Grundlagen der Arithmetik"*[2] privilegiado para nosotros porque cuestiona estos términos que la axiomática de Peano, que es suficiente para construir la teoría de los números naturales, acepta como primeros, a saber: el término cero, el de número y el de sucesor[3]. Este cuestionamiento de la teoría, al ser descolocado de la axiomática en que ella se consolida, suturándola, nos lo descubre.

---

2. Texto y traducción ingleses publicados bajo el título *The foundations of arithmetic,* Basil Blackwell, Londres, 1953.

3. Ninguna de las inflexiones aportadas por Frege a su enfoque importará en nuestra lectura, que no llegará por lo tanto a la tematización de la diferencia entre sentido y referencia, así como tampoco a la definición del concepto introducida más tarde a partir de la predicación, de la que se deduce su no-saturación.

El cero y el uno

La pregunta, en su forma más general, se enuncia así: ¿Qué es lo que opera en la sucesión de los números enteros naturales y a lo cual hay que referir su progresión?

La respuesta, la enuncio antes de alcanzarla, es: en el proceso de la constitución de la sucesión, en la génesis de la progresión, la función del sujeto, desconocida, opera.

Ciertamente, esta proposición parecerá una paradoja para quien no ignore que el discurso lógico de Frege se abre con la exclusión de aquello que, en una teoría empirista, se juzga esencial para hacer pasar la cosa a la unidad y la colección de las unidades a la unidad del número: la función del sujeto, en tanto que ella sostiene las operaciones de abstracción y de unificación.

Pero la unidad, que así queda asegurada tanto para el individuo como para la colección, sólo perdura si el número funciona como su nombre. Allí se origina la teoría que hace del sujeto el productor de la ficción, salvo que se le reconozca como el producto de su producto; ideología en la que el discurso lógico se conjuga con el psicológico, manteniendo el político como una posición dominante en tal encuentro, que se confiesa en Occam, se disimula en Locke, antes de desconocerse en su posteridad.

Un sujeto entonces, definido por atributos cuyo envés es político, y que dispone, como si se tratase de poderes, de una facultad de memoria necesaria para clausurar la colección sin dejar que se pierda ninguno de los elementos intercambiables, y de una facultad de repetición que opera inductivamente. Sin duda, es él lo que Frege, rebelándose de entrada contra la fundación empirista de la aritmética, excluye del campo en el que deberá aparecer el concepto de número.

Pero si se acepta que el sujeto, en su función más esencial, no se reduce a lo psicológico, su exclusión fuera del campo del número se identifica con la repetición. Esto es lo que tenemos que mostrar.

Saben que el discurso de Frege se desarrolla a partir del sistema fundamental constituido por los tres conceptos de: concepto, objeto y número, y por dos relaciones: la primera, del concepto al objeto, la subsunción; la segunda, del concepto al número, que será para nosotros la asignación. Un número es asignado a un concepto que subsume objetos.

Lo específicamente lógico reside en que cada concepto sólo es definido y sólo tiene existencia por la mera relación que mantiene en la medida en que subsume, con lo subsumido. Igualmente, la existencia de un objeto sólo le llega en la medida en que cae bajo un concepto; ninguna otra determinación contribuye a su existencia lógica, aunque el objeto sólo adquiera su sentido a partir de su diferencia con la cosa integrada, mediante su localización espacio-temporal, con lo real.

Pueden apreciar así la desaparición de la cosa que debe efectuarse para que aparezca como objeto: que es la cosa en tanto que es una.

Se evidencia de este modo que el concepto operante en el sistema, formado a partir de la sola determinación de la subsunción, es un concepto redoblado: el concepto de la identidad con un concepto.

Este redoblamiento, inducido en el concepto por la identidad, permite el nacimiento de la dimensión lógica, porque efectuando la desaparición de la cosa, provoca la emergencia de lo enumerable.

Por ejemplo, si reúno lo que cae bajo el concepto: "el hijo de Agamenón y de Casandra", convoco para subsumirlos a Pélope y Telédamo. A esta colección sólo puedo asignarle un número poniendo en juego el concepto "idéntico al concepto: hijo de Agamenón y de Casandra". Mediante el efecto de la ficción de ese concepto, los hijos intervienen ahora en la medida en que cada uno, si se quiere, es aplicado a sí mismo, lo cual lo transforma en unidad, lo hace pasar al estatus de objeto, en cuanto tal enumerable. El uno de la unidad singular, ese uno de lo idéntico de lo subsumido, ese uno es lo que tiene en común todo número por estar constituido ante todo como unidad.

Deducirán de aquí la definición de la asignación del número; según la fórmula de Frege, "el número asignado al concepto F es la extensión del concepto 'idéntico al concepto F'".

El sistema ternario de Frege tiene como efecto no dejar a la cosa más que el soporte de su identidad consigo misma, por lo que es objeto del concepto operante y enumerable.

El razonamiento que acabo de exponer me autoriza a concluir esta proposición, cuya incidencia veremos enseguida: la unidad que se podría llamar unificante del concepto en tanto que le asigna el número, se subordina a la unidad como distintiva en tanto que sostiene al número.

En lo que respecta a la posición de la unidad distintiva, su fundamento debe ser situado en la función de la identidad que, confiriendo a toda cosa del mundo la propiedad de ser una, cumple su transformación en objeto del concepto (lógico).

En este punto de la construcción, apreciarán el peso de la definición de la identidad que presentaré.

Esta definición, que debe dar su sentido verdadero al concepto de número, no debe tomar nada de él[4], con el fin de generar la enumeración.

Esta definición, pivote en su sistema, Frege se la pide a Leibniz. Se basa en este enunciado: *eadem sunt quorum unum potest substitui alteri salva veritate.* Idénticas son las cosas que pueden sustituirse la una por la otra *salva veritate*, sin que la verdad se pierda.

Sin duda apreciarán ustedes la importancia de lo que se cumple en este enunciado: la emergencia de la función de la verdad. Sin embargo, lo que considera como adquirido es más importante que lo que expresa, a saber, la identidad consigo mismo. Que una cosa no pueda ser sustituida por ella misma y ¿qué ocurre con la verdad? Su subversión es absoluta.

Si se sigue el enunciado de Leibniz, el desfallecimiento de la verdad, cuya posibilidad se abre un instante, su pér-

4. Por esta razón hay que decir identidad y no igualdad.

dida en la sustitución de una cosa por otra, sería seguida de inmediato por su restablecimiento en una nueva relación: la verdad se vuelve a encontrar en que la cosa sustituida, por ser idéntica a sí misma, puede ser el objeto de un juicio y entrar en el orden del discurso: idéntica a sí misma, es articulable.

Pero que una cosa no sea idéntica a sí misma subvierte el campo de la verdad, lo corrompe y lo abole.

Comprenderán ustedes en qué la identidad consigo mismo connota el paso de la cosa al objeto, interesa a la salvaguarda de la verdad. La identidad consigo mismo es esencial para que la verdad esté a salvo.

La verdad es. Cada cosa es idéntica a sí misma.

Hagamos funcionar ahora el sistema de Frege, es decir, recorramos ese itinerario escandido en tres etapas, que nos prescribe. Sea una cosa X del mundo. Sea el concepto, empírico, de esa X. El concepto que ocupa un lugar en este esquema no es ese concepto empírico, sino aquel que lo duplica, siendo "idéntico al concepto de X". El objeto que cae bajo ese concepto es X mismo, como unidad. Aquí, el número, y éste es el tercer término del recorrido, que hay que asignar al concepto de X, será el número 1. Esto significa que esta función del número 1 es repetitiva para todas las cosas del mundo. Por tanto, ese 1 no es más que la unidad que constituye el número como tal, y no el 1 en su identidad personal de número, en su lugar particular, con su nombre propio, en la sucesión de los números. Su construcción, por otra parte, exige que se convoque, para transformarla, a una cosa del mundo, lo que no se puede, dice Frege: la lógica sólo debe sostenerse a partir de sí misma.

Para que el número pase de la repetición del 1 de lo idéntico a su sucesión ordenada, para que la dimensión lógica gane decididamente su autonomía, es necesario que el cero aparezca sin ninguna relación con lo real.

Se obtiene su aparición porque la verdad es. Cero es el número asignado al concepto "no idéntico a sí mismo". En efecto, sea el concepto "no idéntico a sí mismo". Ese concepto, por ser concepto, tiene una extensión, subsume un objeto. ¿Cuál? Ninguno. Dado que la verdad es, ningún objeto ocupa el lugar de lo subsumido por ese concepto, y el número que califica su extensión es cero.

Este engendramiento del cero, puse en evidencia que lo sostiene la proposición de que la verdad es. Si ningún objeto cae bajo el concepto de la no-identidad-consigo-mismo, la verdad debe ser salvada. Si no hay cosas que no sean idénticas a sí mismas, resulta que la no-identidad consigo mismo es contradictoria con la dimensión misma de la verdad. A su concepto, se le asigna el cero.

El concepto de la no-identidad-consigo-mismo es asignado por el número cero, éste es el enunciado decisivo que sutura el discurso lógico.

Pues, y recorro aquí el texto de Frege, en la construcción autónoma de lo lógico por sí mismo, fue necesario, a fin de que quedara excluida toda referencia a lo real, evocar, a nivel del concepto, un objeto no idéntico a sí mismo, rechazado luego inmediatamente de la dimensión de la verdad.

El 0 que se inscribe en el lugar del número consuma la exclusión de este objeto. En cuanto a este lugar, dibujado por la subsunción, donde el objeto falta, no podría haber allí nada escrito, y si es necesario trazar un 0, es tan solo para representar allí un blanco, hacer visible la falta.

Del cero falta al cero número, se conceptualiza lo no-conceptualizable.

Dejemos ahora el cero falta que he revelado, para considerar solamente lo que produce la alternancia de su evocación y de su revocación, el cero número.

El cero entendido como un número que asigna al concepto subsumiente la falta de un objeto, en cuanto tal es una cosa, la primera cosa no real en el pensamiento.

Si construimos el concepto del número cero, éste subsume al número cero como su único objeto. El número que le asigna es, por lo tanto, 1.

El sistema de Frege juega con la circulación, en cada uno de los lugares que fija, de un elemento: del número cero a su concepto, de ese concepto a su objeto y a su número. Circulación que produce el 1[5].

Este sistema está, por lo tanto, constituido de tal modo que el 0 se cuenta como 1. Computar 0 por 1 (cuando el concepto de cero sólo subsume un blanco en lo real), es el fundamento general de la sucesión de los números.

---

5. Mantengo en reserva el comentario del parágrafo 76 que da la definición abstracta de la contigüidad.

Esto es lo que demuestra el análisis de Frege sobre la operación del sucesor, que consiste en obtener el número que sigue a n agregándole una unidad: n', sucesor de n, es igual a n + 1, o sea ... n ... (n + 1) = n' ... Frege abre el n + 1 para descubrir qué significa el paso de n a su sucesor.

Comprenderán de inmediato la paradoja de este engendramiento cuando produzca la fórmula más general del sucesor a la que llega Frege: "el número asignado al concepto: 'miembro de la sucesión de los números naturales que terminándose en n' sigue inmediatamente a n en la sucesión de los números naturales".

Tomemos un número: el tres. No me sirve para constituir el concepto: "miembro de la sucesión de los números naturales que terminan en tres". Encontramos que el número asignado a este concepto es cuatro. Allí aparece el 1 del n + 1 ¿De dónde surge?

Asignado a su concepto duplicado, el número 3 funciona como el nombre unificante de una colección: reserva. En el concepto de "miembro de la sucesión de los números naturales que terminan en 3", él es término (elemento y elemento final).

En el orden de lo real, el 3 subsume 3 objetos. En el orden del número, que es el del discurso forzado por la verdad, son los números lo que se cuenta: antes del 3, hay 3 números, él es entonces el cuarto.

En el orden del número, además está el 0, y el 0 cuenta como 1. El desplazamiento de un número, de la función de reserva a la de término, implica la suma del 0. A ello se debe el sucesor. Aquello que en lo real es ausencia pura y simple se encuentra por el hecho del número (por la instancia de la verdad) anotado 0 y contado como 1.

Por eso decimos: objeto no-idéntico a sí mismo provocado, rechazado por la verdad, instituido, anulado por el discurso (la subsunción como tal), en una palabra, suturado.

La emergencia de la falta como 0 y del 0 como 1 determina la aparición del sucesor. Sea n; la falta se fija como 0, que se fija como 1: n + 1; lo que se agrega para dar n'; que absorbe al 1.

Ciertamente, si el 1 del n + 1 no es otra cosa más que la cuenta del cero, la función de adición del signo + es realmente redundante, es necesario restituir a la representación horizontal del engendramiento su verticalidad: el 1 debe considerarse como el símbolo originario de la emergencia de la falta en el campo de la verdad y el signo + indica el franqueamiento, la transgresión por la cual el 0 falta llega a ser representado por 1, y produce, por esta diferencia de n a n', que han reconocido como un efecto de sentido, el nombre de un número.

La representación lógica derrumba este escalonamiento en tres niveles. La operación que efectué lo despliega. Si consideran la oposición de estos dos ejes, comprenderán lo tocante a la suturación lógica y a la diferencia entre la lógica que les presento y la lógica de los lógicos.

El cero es un número: tal es la proposición que asegura su cierre a la dimensión de la lógica.

En lo que nos atañe, hemos reconocido en el cero número a aquello que hace las veces de suturante de la falta.

Debemos recordar aquí la vacilación que se perpetuó en Bertrand Russell respecto de su localización (¿interior?, ¿exterior a la serie de los números?).

La repetición generadora de la sucesión de los números se sostiene en que el cero falta pase, según un eje primero vertical, atravesando la barra que limita el campo de la verdad para representarse en él como uno, aboliéndose enseguida como sentido en cada uno de los nombres de los números que son capturados en la cadena metonímica de la progresión de la sucesión.

Del mismo modo, deberán tener el cuidado de distinguir el cero como falta del objeto contradictorio, de aquel que sutura esa ausencia en la sucesión de los números; deben distinguir el 1, nombre propio de un número, de aquel que llega a fijar en un rasgo al cero de lo no-idéntico consigo mismo suturado por la identidad-consigo-mismo, ley del discurso en el campo de la verdad. La paradoja central que deben comprender (como verán en un instante, la del significante en sentido lacaniano) es que el rasgo de lo idéntico representa lo no-idéntico, de donde se deduce la imposibilidad de su duplicación[6], y a partir de ahí la estructura de la repetición, como proceso de la diferenciación de lo idéntico.

Ahora bien, si la sucesión de los números, metonimia del cero, comienza por su metáfora, si el 0 miem-

---

6. Y, a otro nivel, la imposibilidad del meta-lenguaje (ver el texto de Jacques Lacan, "La ciencia y la verdad". *Escritos*, tomo 2, Siglo XXI, 1985.

bro de la sucesión como número no es más que lo que hace las veces de lo que sutura la ausencia (del cero absoluto) que se vehiculiza por debajo de la cadena según el movimiento alternativo de una representación y de una exclusión, ¿qué es lo que obstaculiza reconocer en la relación restituida del cero con la sucesión de los números, la articulación más elemental de la relación que el sujeto mantiene con la cadena significante?

El objeto imposible que el discurso de la lógica convoca como lo no-idéntico consigo mismo y rechaza como lo negativo puro, que convoca y rechaza para constituirse como lo que es, que convoca y rechaza no queriendo saber nada de él, lo llamamos, en tanto que funciona como el exceso que opera en la serie de los números: el sujeto.

Su exclusión fuera del discurso que interiormente intima es: sutura.

Si ahora determinamos el rasgo como el significante, si fijamos en el número la posición de lo significado, es necesario considerar la relación de la falta con el rasgo como lógica del significante.

Relación del sujeto y del significante

En efecto, la relación, llamada en el álgebra lacaniana, del sujeto con el campo del Otro (como lugar de la verdad) se identifica a aquella que el cero mantiene con la identidad de lo único como sostén de la verdad. Esa relación, en tanto que es matricial, no podría ser integrada en una definición de la objetividad. Esto es lo que afirma Jacques Lacan. El engendramiento del cero, a partir de esa no-identidad consigo mismo, bajo cuyo golpe no cae ninguna cosa del mundo, constituye su ilustración.

Lo que constituye esa relación como la matriz de la cadena, debe aislarse en esta implicación que hace determinante de la exclusión del sujeto fuera del campo del Otro a su representación en ese campo bajo la forma del uno de lo único, de la unidad distintiva, llamada por Lacan "lo unario". En su álgebra, esta exclusión es marcada por la barra que afecta a la S del sujeto frente a la A mayúscula, y que la identidad del sujeto desplaza, según la sustitución fundamental de la lógica del significante, sobre la A, desplazamiento cuyo efecto es la emergencia de la significación significada al sujeto.

No afectada por el cambio (sustitución) de la barra, se mantiene esta exterioridad del sujeto con respecto al Otro, instituyendo el inconsciente.

Pues, si es claro que la tripartición que escalona 1) el significado-al-sujeto; 2) la cadena significante cuya alteridad radical en relación al sujeto lo elimina de su campo y, finalmente, 3) el campo exterior de ese rechazo, no puede ser recubierta por la dicotomía lingüística del significado y del significante, si la conciencia del sujeto debe situarse en el nivel de los efectos de la significación regidos, al punto que pueden ser considerados como sus reflejos, por la repetición del significante; si la repetición misma es producida por el desvanecimiento del sujeto y su aparición como falta;

entonces el inconsciente es lo único que puede nombrar la progresión constituyente de la cadena en el orden del pensamiento.

A nivel de esta constitución, la definición del sujeto lo reduce a la posibilidad de significante de más.

En definitiva, ¿no es a esa función del exceso a la que puede referirse el poder de tematización que Dedekind asigna al sujeto, para dar a la teoría de conjuntos su teorema de existencia? La posibilidad de la existencia del infinito enumerable se explica "a partir del momento en que una proposición es verdadera, puedo siempre a partir de ella producir una segunda, a saber que la primera es verdadera, y así al infinito"[7].

Para que el recurso al sujeto, como fundador de la iteración, no signifique un recurso a la psicología es suficiente con sustituir la tematización por la representación del sujeto (en tanto que significante), que excluye la conciencia porque ella no se efectúa para alguien sino en la cadena, en el campo de la verdad, para el significante que la precede.

Cuando Lacan pone frente a la definición del signo como lo que representa algo para alguien, la del significante como lo que representa el sujeto para otro significante, está adelantando que en lo concerniente a la cadena significante, es a nivel de sus efectos y no de su causa que debe situarse a la conciencia. La inserción

---

7. Dedekind citado por Cavaillès (*Philosophie mathématique*, Hermann, 1962, p. 124).

del sujeto en la cadena es representación, necesariamente correlativa de una exclusión que es un desvanecimiento.

Si ahora se intentase desplegar en el tiempo la relación que engendra y sostiene a la cadena significante, sería necesario tomar en cuenta que la sucesión temporal está bajo la dependencia de la linealidad de la cadena. El tiempo del engendramiento no puede ser más que circular, y porque estas dos proposiciones son verdaderas al mismo tiempo, enuncian la anterioridad del sujeto sobre el significante y la del significante sobre el sujeto, pero éste sólo aparece como tal a partir de la introducción del significante. La retroacción es esencialmente lo siguiente: el nacimiento del tiempo lineal. Es necesario conservar juntas las definiciones que hacen del sujeto el efecto del significante y del significante el representante del sujeto: relación circular, sin embargo no recíproca.

Al atravesar el discurso lógico en el punto de su resistencia más débil, el de su sutura, ven articulada la estructura del sujeto como "batimientos en eclipses", igual que ese momento que abre y cierra el número, libera la falta bajo la forma del 1 para abolirlo en el sucesor.

Han comprendido la función inédita que adopta el + en la lógica del significante (signo ya no de la adición, sino de esa sumación del sujeto en el campo del Otro, que llama su anulación). Queda desarticularlo para separar el rasgo unario de la emergencia y la barra del rechazo: se manifiesta por esta división del sujeto que es el otro nombre de su alineación.

Se deducirá de ello que la cadena significante es estructura de la estructura.

Si la causalidad estructural (causalidad en la estructura en tanto que el sujeto está implicado en ella) no es una palabra vana, encontrará su estatuto a partir de la lógica mínima aquí desarrollada.

Para más tarde, la construcción de su concepto.

Tomado de una ponencia pronunciada
el 24 de febrero de 1965 en el Seminario de Jacques Lacan.

Cahiers pour l'analyse, n.º 1, 1966.

10 Puntuaciones

I
Concepto de la puntuación

Consideramos central el concepto de la puntuación en la teoría de la lectura, si debe ser consciente con la ciencia que aquí progresa de la estructura a partir de la cadena significante.

Enunciar que la estructura se tiene que aprehender en el tiempo de su acción nos obliga a seguir lo que se *perpetúa* de la operación estructurante en lo que de ello *resulta.*

La diferencia de estos dos términos equivale a nada para la física clásica, que considera el agotamiento de la causa en su efecto, condición necesaria de la racionalidad de lo real. A causa plena, efecto total, dice Leibniz y refuta a Descartes por el principio.

Ahora bien, cuando reconocemos a la causa un excedente de fuerza mediante el cual signa su producto y lo hiende con su marca, ¿qué adviene de lo real racional? Debe acomodarse con un efecto, digamos, irracional.

Si puede desconocerse la disparidad que de ello se deriva es que cae en el cero de la cadena, lo cual la identifica con lo insignificante para la significación.

Puntear este lugar en un texto no es negar el rigor de las deducciones explícitas. Pero, al devolver a la letra muerta el acento que la elude, la puntuación nueva descubre a veces los principios, efectos de sus consecuencias. Michael Foucault es ejemplar al respecto en relación con la "Primera Meditación" (*Histoire de la folie,* pp. 54-57) (Historia de la locura). El rigor de Descartes es cuestionado sin duda por él, aunque no de la forma que quieren los metafísicos.

– Se invita aquí a leer lo que Freud ha leído, y a leer a Freud, como Freud leía: trasladando el acento sobre el excedente anulado.

1966

II
La orientación de la novela
por Jacques-Alain Miller y François Regnault

La novela no es interminable.

Género literario, que un día comenzó. El haber nacido lo ha destinado a la muerte, y a lo largo de su devenir se expone a la ley que necesita su extinción: tras haber conocido estados en número finito, halla su posición de reposo. Esta parada le construye un destino. Hay que entender por destino un sistema –no tan perfecto que no admita la contingencia remanente[1]–. que ofrece el embrollo manifiesto de la historia literaria.

Se querrá ejemplificar aquí de la novela su información inicial –sea lo que transforma para emprender su

1. "Die in jenen Systemen zurückbleibende Zufälligkeit" (Hegel, *Principe de la philosophie du droit,* § 188) (Hegel, Principio de la filosofía del derecho).

proceso: el mito– y su información conclusiva –cuando, agotada, trata su propia ley, que viene entonces a transformar el proceso que comanda.

La auto-aplicación de la novela le impide cesar a partir de ese momento. Terminada, aunque indefinida, entra en lo interminable.

*

Que la novela transforma el mito, se puede ver en las sustituciones de *ananké* por *tyche*, la palabra conminatoria de los oráculos por los azares heroicos de una libertad, las coerciones de un saber teogónico[2] por las certidumbres íntimas y demoniacas, mutaciones de instancia que dejan el argumento invariado. El relato mítico se distingue por el hecho de que funciona en el mismo una cosa sin razón (que Georges Dumézil nos indica en el *furor*, principio de un "determinismo irracional"). La novela se define por racionalizarla al motivarla: la consecución (secuencia de los episodios) to-lera, imperturbada, el desplazamiento de la consecuencia[3], mientras que la figuración heredada encuentra aplicación en el nuevo género. De este modo, la

2. Cf. P. Grimal, Introducción a *Romans grecs et Latins,* edición de La Pléaide (Novelas griegas y latinas).

3. Sobre consecución y consecuencia, véase Roland Barthes, *Communications,* n.º 8, *Introduction a l'analyse structurale des récits,* pp. 10 y 12 (Introducción al análisis estructural de los relatos).

mujer impúdica, aquí reina irlandesa, amedrenta al héroe para aplacarlo, ahí, amante más que romana, lo enardece.

La racionalización novelesca es pues la introducción en el argumento del mito de los cálculos psicológico y jurídico del interés, o sea la motivación y el juicio, doble discriminación que consagra a Horacio como responsable y lo convierte en persona propiamente dicha. Por el contrario, el *furor* muestra al héroe al despersonalizarlo.

Motivación implica interpretación, lo cual justifica a Tito Livio que por miramiento siempre pone un *sive... sive...* en la versión mítica y la solución prosaica, ella misma a menudo plural. Interpretación implica equivocidad: en un carácter, tensión de posibles y convergencia de rasgos opuestos, que la persona hace compatibles. El mito divide este mixto: se verán ejemplos en la India (Indra delega en Trita su culpabilidad en el crimen necesario) y en Persia (doble héroe, doble proeza, doble historia). Le falta el juego de manos del derecho romano que conduce a Horacio culpable a la muerte –para salvar *in extremis* a Horacio glorioso.

*

En el otro extremo del recorrido, Aragón y Gombrowicz no serán mal recibidos, recomenzando en algunos de sus héroes escisiones similares, donde la novela capta su doble. Aragón hará que Ant(h)oine pierda su reflejo en el espejo y las insignias de su unidad. Gombrowicz hará superflua la participación de Skuziak en la intriga, y gratuito su acto.

Poner a esta distancia la psicología y sus razones suficientes, es, a buen seguro, retornar al mito.

1967

III
Naturaleza de lo impensado
por Jacques-Alain Miller y Jean-Claude Milner

¿Cómo transformar en cuerpo homogéneo y completo una colección de enunciados, dada en la objetividad, si no es recomponiendo el conjunto de reglas que los producen, de modo que se verifique su compatibilidad, se establezca su orden, se efectúe su potencia, es decir: extender, mediante el ejercicio de la sintaxis, la actualidad de su sucesión, con el fin de aumentar su cantidad hasta el punto en que se disipa lo virtual?

Una vez llevada a su término, esta operación de la *efectuación máxima* es determinación absoluta del campo. Decir que es positiva es recusar que lo inactual se reforme a medida que se lo agota y que unos enunciados nuevos estén viniendo siempre de un impensado a alcanzar, tal la mitad renaciente de las paradojas eleáticas[4] –ya que

4. "El entorno indeterminado se extiende además al infinito. Este horizonte brumoso, incapaz para siempre de una determinación

un discurso es una secuencia, discreta por esencia, inconmensurable con el continuo de consciencia.

Si no hay pues impensado para pensar, es ahora una cadena integral la que se destaca de su entorno para subsistir como un cuerpo de argumentos dispuestos en *procesos de validación*[5]. Cada uno implica al precedente que lo rige, salvo el que se rige por sí mismo, por ser el principio de la validación. En este sentido, es *el enunciado autónomo,* que cumple su propia posición, implicado por todos los demás, validado por sí solo, es decir, el *evidente,* punto desapercibido de la decisión.

Como su deducción falta en todo discurso, está destinado al *impensado de lo que cae de su peso.* No es negar que no pueda ser dicho –por el contrario: ocasional o repetido, su explícito no tiene importancia–. Pero es mantener que, presente en cada pensamiento, no puede ser pensado y que se abre, fuera de la conciencia posible, sobre lo que determina la tesis del discurso.

Determinación impensada –cuya casi-transparencia autoriza la ilusión de autonomía del proceso–, aquí *impensable,* ya que incompatible con los enunciados actuales, de forma que su validación los invalidaría de inmediato. La causa, ya se sabe (coyuntura práctica, o

total está necesariamente ahí" (Husserl, *Idées directrices pour une phénoménologie,* trad. Ricoeur, Par. 27, p. 89) (Ideas directrices para una fenomenología).

5. Guéroult, *Descartes selon l'ordre des raisons* (Descartes según el orden de las razones, vol. I, p. 11).

época del concepto), no se efectúa más que dándose a desconocer.

Lo que yo pienso no es sino el efecto de lo que impienso.

1967

IV
Posición de la genealogía de las ciencias
por Jacques-Alain Miller y Jean-Claude Milner

De las ciencias, nadie dice nada que vaya a su esencia, si no es de ciencia de las ciencias. La propiedad de su sintaxis es tal, que no se las puede hacer objeto de un lenguaje, más que tomándolas por el sesgo por el que todavía están por venir –es la disciplina denominada historia de las ciencias, que no se ocupa jamás sino de su prehistoria o de su progresión– o por borrar, lo cual las distingue en el universo del discurso-arqueología, antinómico de las ciencias.

Habría que verlas desde el punto en que no tienen historia, al no tener memoria, y viven un eterno Presente. Es un efecto del eterno Retorno de su nacimiento, tiempo infinitesimal en que se hacen incesantemente independientes de lo que las determina a ser y renuncian a su filiación.

Genealogía viene aquí a designar el recuerdo de esta filiación olvidada, según una inscripción bastante neutra para anular la diferencia entre el arqueólogo y el historiador.

Decimos: genealogía de las ciencias, aunque la ciencia puede estar en singular, si se advierte que este singular es plural. "Toda ciencia está, en tanto que investigación, fundada en el proyecto de un sector de objetividad delimitado; es pues necesariamente ciencia particular" (Heidegger).

Por consiguiente, si la especialización (la pluralización) de la ciencia está contenida en su concepto, una función le es correlativa, a distinguir como su *Ideal,* o sea el punto imposible desde el que ve, íntegro, su cuerpo fragmentado. De ahí el espejismo de la *ciencia ideal,* que se puede reconocer en toda coyuntura teórica, porque reina en la misma una ciencia, astronomía, física o biología y, al dar a sus interlocutores el idioma universal en el que son traducibles, les representa como unas y enteras en sí.

En el juego de espejo que une el punto del Ideal con su efecto con imagen de ciencia ideal, los nombres han podido variar: en los tiempos clásicos, el primero se llamó Dios y la segunda, geometría: pero le corresponde al cientificismo moderno haber vuelto a cerrar este espacio y dado al punto imposible, entendiéndolo como la *Ciencia,* los rasgos de su correlato imaginario.

Ante un nudo tan fuerte de desconocimiento y de saber, la genealogía debe hacerse forzamiento; frente a la hermosa continuidad y al dominio cuyo lugar es la Ciencia, podrá, a ese precio, hacer valer la ruptura y la dependencia que implica. Pedirá cuentas al mismo sabio, al sabio virtuoso (ya que es probo, objetivo y liberal), al sabio igualitario (ya que todos tienen a sus ojos un derecho igual al verdadero). Le pedirá cuál es el destino de su deseo, tributo de sus virtudes, y en qué condición puede sostener que todos son iguales ante la verdad.

En este punto, la genealogía debe hacerse doctrina de la forclusión, sin perjuicio de perseguirla no solamente en la posición subjetiva que fija, sino también en la política que ahí se insinúa.

1968

(Editoriales de *Cahiers pour l'analyse*, n.os 5, 7, 8 y 9.)

11 U o "No hay meta-lenguaje"

Reductio linguarum, ad unam

Leibniz

I

Partición de los lenguajes

La investigación del lenguaje se distingue de cualquier otra en el hecho de que se efectúa, como cualquier otra, por el sesgo del lenguaje. Así resulta que tiene por medio su objeto.

Esas dos funciones, que en este caso el lenguaje sostiene a la vez, impiden saber bien de qué se habla cuando se habla de él en él. Y se inventó esto: escindirlo. Asignar un lenguaje a cada una de esas funciones, el cual no sostenga más que ella: lenguaje del que se habla, lenguaje-objeto; lenguaje-medio, aquel en el que se habla, meta-lenguaje. El segundo habla del primero.

Hay otra distinción que recubre ésta: uso/mención. La expongo según Quine, comparando los dos enunciados siguientes: (1) París es una ciudad; (2) París tiene dos sílabas. La misma palabra figura en (1) y en (2), y sin embargo no es la misma. Es la misma porque las escrituras son semejantes, pero no es la misma porque las funciones son distintas. *París* en (1) es el nombre de una ciudad, *París* en (2) es el nombre de una palabra. El enunciado (2) se refiere a una palabra que el enunciado (1) contiene, y (1) se refiere a una ciudad, no a una palabra. En (1), la palabra está utilizada, en (2) está mencionada, citada. París (2) quiere decir París (1).

Por consiguiente, una misma palabra designa algo y a sí misma a la vez. Es urgente en la escritura despegar del uso la mención. Y cómo sino por alguna marca, por ejemplo, comillas. Cuando querramos decir el nombre de palabras nos será preciso un complejo palabra + marca: "París".

El nombre-de-palabra está en parte formado por el objeto que denota: figura su referencia. Por eso, escribe Quine, una cita es un jeroglífico. El formalizador de lenguajes inventa símbolos a su gusto.

(1), (2), (3)... Una vez efectuada, la división del lenguaje no podría cesar. La primera fractura lo abre a una multiplicación infinita, pues es suficiente una marca más para que la cita sea citada a su vez. Los lenguajes se suceden, numerados, se escalonan según una gradación, envolviendo el nivel n + 1 al nivel n.

Las paradojas aparecen cuando esos estratos de lenguaje se desploman. Los fenómenos aberrantes en el así llamado universo del discurso son efectos de *crasis*. El efecto de crasis necesariamente se produce en la lengua.

II
Hipótesis de la lengua única

La estratificación elemental de lenguajes no es otra cosa que una secuencia ordenada que tiene un límite inferior pero no superior.

Sea un lenguaje L_1; hablar de él exige un lenguaje L_2 que lo sobrepase y objetive; igualmente hablar de L_2 exige L_3; etc.

Evidentemente no hay *un* meta-lenguaje, sino varios. No hay meta-lenguaje absoluto, el último como tal, del mismo modo que no existe el más grande de los números.

Sin embargo, ¿cuál es el estatuto de ese hecho?: ¿un lenguaje llamado común es necesario en la comunicación de todo sistema formal?

Digo que es un hecho, porque el lógico lo comprueba como tal y no puede eliminarlo. Un lenguaje formal sin el soporte de un lenguaje común sólo sería un criptograma sin cifra. Los jeroglíficos de los formalismos deben ser mencionados para ser comprendidos.

¿Tuvo lugar ese hecho en el campo de la lógica matemática? Sin duda, no. ¿Fuera de él, entonces? Sin embargo, es en el deslinde mismo de ese campo donde se impone. No le pertenece pero en cierto modo lo limita.

Al ineliminable lenguaje informal, Haskell B. Curry lo bautiza U-language, *"the language being used"*. "Todo lo que hacemos depende del U-language, no podemos trascenderlo; todo lo que estudiamos lo estudiamos por su intermedio." De ese lenguaje no hay meta.

De lo que Curry no saca conclusión alguna, salvo la de que ahí es preciso un *savoir faire:* "Sin duda, siempre hay vaguedad inherente al lenguaje U; pero mediante un uso hábil podemos obtener cualquier grado de previsión por un proceso de aproximación sucesiva".

Yo digo otra cosa sobre él.

La lengua "utilizada" es aquí esta lengua que se llama francesa, y ahí, inglesa. Evidentemente, hay varias lenguas que pueden ser "utilizadas", como hay varias lenguas llamadas naturales. Pero yo nombro U a la lengua en tanto se la utiliza aquí y ahora (*"being used"*, participio presente). Desde este punto de vista hay una y sólo una. La multiplicidad repugna a su concepto: la lengua U es Única.

También puedo prescribir a la serie de lenguajes un límite absoluto, el de la lengua única, que no queda aquí especificada por ninguna otra cosa sino esto, que es, en la estratificación, última. La lengua U es la lengua Última.

De donde se sigue que hay un meta-lenguaje, y es la lengua U. ¡Hum!... Pero ¿de qué lenguaje-objeto?

En la serie de los lenguajes, cada L_n es objeto para cada L_{n+1} y meta para cada L_{n-1}. Queda aquel por el que se comienza, y que no es sino objeto, puesto que sus palabras son cosas: letras, marcas, dibujos, huellas de tinta, significantes que no significan nada. En este sentido, todo lenguaje formalizado es lenguaje-objeto: es un ser de escritura. Y la lengua U es el meta-lenguaje de las escrituras. A ella se la habla (se puede hablarla).

¿Puede concebirse un lenguaje-objeto absoluto primero y que pueda hablarse? Russell lo cree.

Sigo aquí su forma de proceder: la jerarquía de los lenguajes puede extenderse indefinidamente hacia arriba, pero no hacia abajo, ya que, de otro modo, el lenguaje no podría comenzar; por lo tanto, debe haber un lenguaje primario, que no presuponga la existencia de ningún otro; si es así, entonces nada puede de sí mismo pues se presupondría, sólo puede decir lo que hay y no lo que no hay; afirma, pero no puede negar; ni negación ni articulación: palabras, palabras, donde cada una tiene un sentido, de una en una.

¿Puede ser hablado este lenguaje? No, ni hablado ni aprendido. El lenguaje no se aprende sino por el lenguaje (eso, lo admito, por considerarlo demostrado). No hay lenguaje-objeto (en el sentido de Russell), no hay lenguaje primario.

Si la lengua U puede ser hablada, es porque puede hablar de sí misma. Es en sí misma meta-lenguaje y lenguaje-objeto. Por eso lo que ahora digo es: no hay meta-lenguaje. Y agrego: hay la lengua única.

Nadie que hable o escriba la trasciende. La lengua U no tiene exterior. No puede asignársele número en la jerarquía de lenguajes porque es la Última como tal. Está, con relación a todos esos L, como el primer número infinito con relación a la sucesión de los números enteros. Entre ella y un lenguaje cualquiera, hay una infinidad de lenguajes (este intervalo es denso).

No tiene límite. Se extiende a todo lo que se dice, o más bien a todo lo que se descifra. Todas las lenguas se reducen a ella sola. Es la versión, pervertida, que doy del proyecto de Leibniz. Pues la lengua a la que todas las demás se reducen no es aquella en la que uno no podría equivocarse, la lengua unívoca del cálculo, sino la última lengua única de todos los equívocos, que no distingue la verdad del error, la lengua que está fuera de esta dicotomía, aunque esta última también está en ella.

Por la misma razón, siendo última para la jerarquía, la comprende sin embargo en su interior. También es parte de sí misma, única a la vez y doble.

Esta U escindida por una división que no es ni partición ni desdoblamiento, sino clivaje y pliegue, la fijo con este nombre: el uno diádico. Diádico, lo que es uno en tanto dos.

La lengua U es diádica porque en ella se enlazan y se encabalgan lenguaje-objeto y meta-lenguaje, uso y mención. No estratificada, monoestrato, pero enrollada a la Moebius, la lengua única no cesa de citarse. Autónima (auto-reflexiva, auto-referente), es inconsistente.

La lengua U contiene su propia sintaxis. No tiene por lo tanto nada que la garantice. Es en sí misma su verdad, verdad que no es lo contrario de la falsedad. Tarski demuestra que una definición estructural de la verdad (o sea una definición de este tipo: un enunciado verdadero es un enunciado que posee determinadas propiedades referidas a la forma y al orden secuencial de las partes elementales de la expresión) no puede obtenerse sino en la jerarquía de los lenguajes: L_n define la verdad para L_{n-1}. La lengua última es entonces el lugar de la verdad (el Otro) de los lenguajes. Pero a ese lugar ningún otro lo sobrepasa (no hay Otro del Otro, no hay meta-lenguaje). La verdad en U no tiene refugio. Errante, corre, muerde, insensata.

La verdad dice: "Hablo", y no: "Digo la verdad". Diría más bien: "Miento". Efecto soberbio de crasis, que enloquece el sentido y permanece indecidible. Pues la jerarquía de los tipos, de los lenguajes, no anula las antinomias. Solamente les da otra forma. No se ha hecho nunca sino huir de la paradoja, dice muy bien Curry, y agrega: "Debemos hacerle frente y mirarla a los ojos".

¿Llegará a mirar tanto como para ver que jamás usamos esta lengua paradojal? Ella es la que conduce a los sujetos que hablan. U no sirve para nada, no está hecha para servir. Con todo, nos comunicamos por su intermedio, pero ¿no es ésta una ilusión? U está ahí y habla completamente sola.

El lógico que monta sus máquinas para automatizar la verdad reprime su murmullo, sus quejas y sus aullidos, pero otro tanto hace el lingüista al creer que ella es el medio del hombre para transmitir lo que piensa: ¿qué hará con ese *ne* insituable que estorba a Damourette y Pichon? ¿Y de ese *heimlich* cuyo sentido desbarata la lógica de clases y el tercero-excluido?

En las construcciones cultas, como en todo discurso donde el sujeto se hace comprender, U emerge aquí o allí, en puntos que aparecen Utópicos en el nivel en que se producen, aberraciones que parecen erráticamente distribuidas porque U se escabulle.

Tal vez pueda decirse, Gödel se lo pregunta, que "todo concepto tiene una significación en todas partes, salvo en ciertos 'puntos singulares' o 'puntos límites', de suerte que las paradojas aparecen como algo análogo a la división por cero". Ese cero es el sujeto de Lacan, diré para terminar, y U no está hecha sino de puntos singulares.

Doy a todo esto el nombre de "Hipótesis", no para decir que podría no plantearse, sino para afirmar que la lengua U está siempre ya allí, supuesta sin que se la plantee, y que en ella vivimos y hablamos. Sería... Dios, si hubiese un meta-lenguaje.

Imagino esto: la regla freudiana no tiene más función que introducir al sujeto en la dimensión U. Un análisis no es sino una travesía de la lengua única.

1967

(Publicado en *Ornicar?*, n.º 5, 1975/76.)

0 – El Todo. Por consiguiente, fuera de él, nada. Si digo la Nada, tengo que enunciar el Todo que los engloba.

Ahora vienen variaciones sobre este tema.

$$\frac{T}{T \qquad N}$$

1 – Y así sucesivamente. Cada Todo nuevamente determina una Nada y exige que enunciemos un Todo superior: T_0, T_1, T_2... Es el esquema de la estratificación.

2 – ¿Y la Nada? ¿Voy a enumerarla? ¿Por qué no? Pero también puedo muy bien considerarla siempre la misma, ya que la suscita siempre la misma operación. Podemos decir: N es la causa de la estratificación, de la multiplicación de los T.

3 – ¿Por qué no decir que es también el mismo Todo el que se repite, se re-escribe, siempre una vez más? La operación única que se reproduce se escribe: $T \rightarrow N \rightarrow T$. N causa la reduplicación de T. O también: es el intervalo de T consigo mismo.

4 – T y T son lo mismo, con un Nada de diferencia. Diremos: una entidad que comporta N está clivada, es decir, a distancia de sí, constreñida a repetirse. Su parte N se separa incesantemente de ella y ella la absorbe incesantemente.

5 – ¿Cuál es la clave de este proceso? Que desde el comienzo del juego integré en la entidad su negativo, su falta (su propia desaparición, su borramiento). Consideré como formando parte de sí misma a su propia ausencia. "Su propia ausencia", ¿qué otra cosa es sino su lugar?

6 – Inscribir una marca es plantear dos cosas: la marca (su materialidad, el trazo de tinta, por ejemplo) y su lugar. Si se borra la marca, queda su huella, bajo forma de lugar. Por eso quedan, ¿no es cierto?, siempre dos series como mínimo: la de las marcas, la de las faltas.

7 – A partir de ese núcleo podemos hacer un ciclo que vuelve a conducir indefinidamente de T a N, de la entidad a su desaparición: batimiento en eclipse, alternancia, lo que es equivalente a una cadena de dos símbolos alternados, o también a un símbolo y su falta alternados (es decir, a un solo símbolo repetido).

8 – Deduciremos fácilmente que no hay Nada que sea Todo, o sea que no hay Todo integral que no implique la falta de sí mismo. O bien el Todo deja N fuera, y no es completo, o bien lo incluye y la falta que integra lo perfora.

9 – Aquí captamos la equivalencia formal de la repetición y el clivaje. Lo que en esta primera se da como proceso, se da en la segunda (se condensa, se contrae) como entidad. La repetición es el clivaje desarrollado (explicado).

10 – Es concebible otra versión de ese fenómeno: T no podría incluir N y tampoco no incluirlo. T es una entidad contradictoria o N es un elemento imposible. O también: T y N son incompatibles, en sentido fuerte, pues no sólo se excluyen no pudiendo formar parte del mismo conjunto, sino que incluso provocan, en cuanto se los plantea juntos, una perturbación incesante. Una antinomia los liga y los separa, que no se reduce sino en el proceso de la alternancia, donde N siempre está en más o en menos respecto de T.

11 – Maravillas: tengo en el hueco de la mano la conexión de la repetición, del clivaje, de la falta, del lugar, de la alternancia, de la contradicción, de la antinomia, de lo imposible.

12 – Por lo demás, no es necesario partir del Todo. Toda entidad cumple igualmente bien con la cuestión, a condición de que se la plantee por disyunción, es decir, recortándola del Todo. Pero realizar esa disyunción en el Todo mismo les asegura de entrada que nada escapa a la ley...

13 – ... salvo la Nada, pues el lugar es segundo respecto de la marca (*mutatis mutandi,* el sujeto es el efecto del significante).

14 – Recomenzaremos partiendo de la marca unaria, de no importa qué entidad (pero el no importa qué ya supone lo unario) del Todo (¿acaso no es éste equivalente a la marca?).

15 – Confieso que este montaje reposa en la confusión de la marca y de su lugar (de la marca en tanto se designa a sí misma y de la marca en tanto designa su lugar), o también en la confusión de entidades de orden diferente (T_1 y T_2). La estratificación hace desaparecer esos fenómenos así como los seres aberrantes que ahí se propulsan. Pero, precisamente, se trata del origen de la estratificación –de la estratificación como repetición infinita.

16 – Se puede probar también que el espacio correspondiente a la marca como tal es necesariamente inestratificable. En efecto, para estratificar, es preciso que el espacio de los lugares ya esté dado. El significante originario se sitúa y su sucesión se desarrolla en una dimensión única, un espacio sin niveles. Los números todavía no existen cuando se desarrolla la sucesión de las marcas unarias, clivadas, repetidas. Con la adición de las marcas comienza el número.

N)))))

En el principio, es el lugar, donde no hay nada. Pero no hay lugar sin marca: un concepto, un cerco, un índice, un punto, marca de la falta de marca. Ahora bien, la marca que falta y la marca de la falta no son aquí de tipo diferente y no se distinguen. Hay la marca, eso es... Todo.

17 – Consecuencia anexa: sólo cuando la marca desaparece, aparece su lugar y, por lo tanto, la marca como tal. ¿Basta para justificarnos que digamos que no alcan-

za su ser sino en su desaparición fulgurante, que no capta sino en el borde de su falta? "Borde" no es sino una aproximación. Diremos: es el "o bien, o bien" absoluto, la marca o la falta, y tanto el ser de la marca como el de la falta "no existe" sino en el entre-dos incorporal, inaprehensible, o en la diferencia de una a otra, en el movimiento, en el paso, y siempre es demasiado pronto o demasiado tarde. O bien, diremos: que marca y falta no están separadas ni son exteriores, la una respecto a la otra, sino que están imbricadas, implicadas la una en la otra. Marca y falta es como ser y significación: sólo al tachar todo lo que es, el significante puede significar su ser.

18 – El clivaje no se reabsorbe. La repetición no cesa. La alternancia no se estabiliza. Es decir: no puede hacerse un todo de esta entidad, de esta sucesión, de esas posiciones. Ese proceso, esta entidad, se presenta como intotalizable, o como una totalidad contradictoria, lo que equivale a decir: una totalidad con su contradicción o con su elemento inintegrable, multiplicidad irreducible a la unidad. La marca, unidad unaria, entidad clivada, no permanece estable, se multiplica, diverge, se dispersa, se disemina. No consiste (es inconsistente), persiste, insiste, es un proceso. Lo mismo diremos de la totalidad correspondiente. De hecho, la marca como unidad no es sino la totalidad concentrada. Y la totalidad es la marca dilatada, multiplicada.

19 – Quien parte de la disyunción encuentra necesariamente la dispersión. En efecto, ¿qué es un signifi-

cante sino un elemento que sólo se define en un conjunto de entidades similares y por disyunción (diferenciación)? El caso límite es el de un conjunto de un elemento: el elemento no encuentra cómo hacer la disyunción sino del conjunto como vacío, el cual no es otra cosa que su propia falta (o de su lugar como tal, o de la marca de su lugar, lo que equivale a decir que está clivado). El elemento debe salir para que el conjunto exista, debe excluirse, exceptuarse, volverse déficit, o exceso. Es la dispersión principal. Ésta es sólo una versión del clivaje, o de la antinomia marca/falta.

20 – El razonamiento es más simple tratándose de un número n > 1 de significantes. No hay un Todo de los significantes, si es verdad que cada uno se define por relación (para) el conjunto de los demás. Cada significante tiene por correlato un conjunto (n – 1), y hay tantos conjuntos como significantes, sin que se obtenga jamás el conjunto total n. Esta totalidad es no-cerrada, agujereada, abierta, no se tiene junta, es una unidad (espacio, ley, función) de dispersión. Proverbio: la estructura no es un todo.

21 – Reflexión: los diferentes seres que he producido –entidades, totalidades, procesos, operaciones, secuencias– ¿son todos equivalentes? Según la versión que elija, se confunden o se distinguen. Los fenómenos que describo se condensan o se dilatan, se concentran o se extienden, disminuyen o proliferan. No hay más que uno y hay una infinidad. Sólo se puede capturar uno temporalmente. Puede desvanecerse, ser absorbido o inflarse, exten-

derse, dividirse, distribuirse. Se podría resumir todo en la existencia de una entidad clivada que concentra en ella una irreductible contradicción, pero esta contradicción se extenderá al universo del discurso en su totalidad absoluta, es decir, contradictoria y clivada. ¿Hay uno o hay puntos singulares en este universo? ¿Y si fuese él, "todo entero", el que fuese "singular"? Inaprehensibles, estos fenómenos lo son por naturaleza, y no se aprehende uno de ellos más que quitándole un momento su fluidez para depositarla en otra parte. Lo que es inaprehensible puede ser aprehendido, a condición de aislar lo inaprehensible como función, identificarlo, concentrarlo y, por ejemplo, encarnarlo en una entidad. Ejemplo: la torsión de la banda de Moebius está en todas partes, es decir, es indeterminada, y sólo el corte que aplana la banda la localiza, cuando precisamente la hace desaparecer. Se define aquí un ser indeterminado esencialmente, puesto que desaparece al ser determinado (aleatoriamente).

22 – Decir: no hay universo del discurso, equivale a decir: hay una falta esencial (constitutiva), un agujero en el universo del discurso; o bien: el universo del discurso es una totalidad dispersa. Es una banda de Moebius, inorientable, de una cara, sin encima ni debajo, inestratificable, a menos que venga el corte que fija y borra su torsión. Indivisible, este universo puede ser seccionado –lo que pierde no es material (es incorporal)–, no es nada –sólo sus propiedades desaparecen, todas–. Con la caída de la falta, del elemento imposible, se vuelve posible la estratificación de la lengua universal. Visto

a partir del discurso estratificado, no es nada más que una ilusión, una operación ilegítima, un no-ser, una apariencia, un semblante de ser, lo que desaparece.

23 – Las categorías del de-más/de-menos, de la totalidad inconsistente, del elemento antinómico, darán, si se quiere las de anticipación, retroactividad, fulguración, instante. Teoría del tiempo, luego de teoría del espacio, he aquí la estética del significante.

24 – Desde el inicio estamos en el demasiado pronto/demasiado tarde. Hablamos, escribimos, vivimos en el demasiado pronto/demasiado tarde. Este texto ¿llega a su debido tiempo? Por cierto que no. Es intempestivo. Su producción es indeterminada. Tampoco tiene fin, y cuando yo me detenga, no se acabará. ¿Sólo queda escribir indefinidamente, hasta la muerte, dilatando cada fenómeno, el fenómeno, nombrándolo con nombres siempre nuevos, intentando órdenes diversos, nuevas metáforas? O también: reabsorbamos todo ello en un punto único –una sola descripción– un solo nombre –un grito– o el silencio.

25 – ¿He demostrado suficientemente esta matriz como para que todos puedan ponerla en marcha? Tal vez demasiado bien como para que a partir de ahora quiera hacerlo alguien.

1968

(Publicado en *Ornicar?*, n.º 4, 1975.)

Otros Títulos

Massimo Recalcati

1 **Clínica del vacío** *Anorexias, dependencias, psicosis*

Jean-Luc Nancy

3 **El "hay" de la relación sexual**

Blas Matamoro

4 **Puesto fronterizo** *Estudios sobre la novela familiar del escritor*